文成天縱

朝鮮王朝科舉史料

嶠南科榜録

QIAONAN KEBANGLU

劉海峰 張文達 主編

②

广西师范大学出版社
GUANGXI NORMAL UNIVERSITY PRESS

朝鮮王朝科舉史料

嶠南科榜録

QIAONAN KEBANGLU

劉海峰 張文達 主編

②

广西师范大学出版社
GUANGXI NORMAL UNIVERSITY PRESS

第二册目録

嶠南科榜録　龍榜

卷之三

嶠南科榜錄龍榜卷之三目錄

同年咸鏡道別試七人

同年庭試十五人

癸卯增廣三十八人

同年庭試五人

同年式年三十三人

甲辰庭試十八人

同年庭試八人

乙巳謁聖五人

同年庭試十人

丙午別試七人

同年重試八人

同年式年三十二人

同年大庭試二十四人

丙辰別試五人

同年重試十人

戊午式年五十三人

己未謁聖六人

庚申庭試四十一人

純祖辛酉庭試十人

同年增廣三十七人

同年式年三十五人

壬戌庭試八人

同年庭試七人

同年庭試三人

己巳增廣四十三人

庚午式年三十九人

辛未庭試二十人

壬申庭試十一人

癸酉增廣五十一人

甲戌庭試二十人

同年式年三十八人

乙亥庭試二十二人

同年平安道道科七人

同年咸鏡道道科八人

丙子庭試二十人

同年重試三人

同年咸鏡道道科四人

丁亥庭試二十八人

同年增廣四十人

戊子式年四十二人

己丑庭試四十二人

庚寅庭試五人

辛卯式年四十二人

甲午式年四十九人

憲宗乙未別試五人

同年增廣三十七人

丙申庭試十人

同年重試五人

丁酉式年四十一人

同年庭試十人

戊戌庭試十一人

同年謁聖三人

同年咸鏡道別試八人

己亥庭試十一人

庚子式年三十八人

辛丑庭試十九人

癸卯式年五十二人

甲辰增廣三十九人

乙巳庭試十四人

丙午庭試七人

同年重試三人

同年式年三十八人

丁未庭試二十四人

戊申增廣四十三人

同年庭試三人

己酉式年三十六人

同年庭試五人

哲宗庚戌增廣四十人

辛亥庭試十一人

同年庭試十三人

同年謁聖三人

壬子式年三十九人

己未增廣四十人

庚申庭試十九人

辛未庭試六人

辛酉式年五十七人

壬戌庭試十五人

同年庭試六人

癸亥濟州牧道科五人

同年庭試十八人

高宗甲子庭試十八人

同年增廣三十七人

乙丑式年四十三人

丙寅庭試二十人

庚午庭試二十二人

同年式年三十三人

辛未謁聖八人

同年庭試二十五人

壬申謁聖五人

同年開城府道科五人

同年庭試二十一人

癸酉式年廣四十五人

同年庭試十人

甲戌增廣四十五人

同年庭試十一人

乙亥別試三十四人

同年庭試三人
辛巳庭試十二人
壬午別試二十三人
同年庭試五人
同年增廣六十一人
同年別試十人
癸未式年四十一人
同年別試十四人
乙酉庭試四十四人
同年式年三十五人
同年增廣四十六人
丙戌增廣二十六人

辛卯榜

壬辰榜

癸巳榜

甲午榜

正宗朝三十八榜七百八十人

重試三榜二十一人

純祖朝四十七榜一千四十一人

重試三榜九人

憲宗朝二十一榜四百五十四人

重試二榜八人

哲宗朝二十四榜四百六十八人

重試一榜五人

高宗朝自甲子至戊子五十九榜一千二百四十八人

重試三榜十五人

嶠南科榜錄龍榜卷之三目錄終

嶠南科榜錄龍榜卷之三

正宗朝丙申十月初二日庭試榜

甲科一人

乙科二人

丙科八人

同年十月初三日重試榜

命官鄭存謙 表唐賀立石靈州刻以雪恥酬百王除徇報千古

甲科一人

乙科一人

丙科一人

元年丁酉四月二十日增廣榜

甲科三人

乙科七人

李萬運 字希元號默軒生 英宗丙辰官縣監陞僉中樞父同中樞東英校理漢命玄孫文翼公元禎后貫廣州居漆谷 序三

金宗發 字景蘊號容淵生 英宗庚申官掌令父南應進士光粹后貫安東居義城 序五

丙科二十五人

金宗稷 父虎東貫義城 序三

金⿰土宏 父光憲貫義城 序八

南景義 字仲殷號凝庵生 英宗戊辰官正言父龍萬監察須后貫英陽居慶州 序十一

丁俔祖 父志翕貫押海 序十八

李漢龍 父允翕貫全州 序十九

金鯉吉 字君成生 英宗庚午官都事父纘文節公淡后貫禮安居醴泉 序二十

同年十月初七日式年榜 論 仁人能惡人

甲科三人

南述毅 字繼初生 貫英陽居義城 英宗甲子官監察父正郞泰運府使佑良后 序一

乙科七人

白庭玄 父鴻秋 貫善山 序一

愼性眞 父認明 貫居昌 序三

丙科二十三人

柳光瀗 父聖魯 貫豊山 序四

鄭彥昇 父德器 貫東萊 序五

李基禎 父賢國 貫廣州 序十二

金驥燦 字德汝號東郭生 英宗戊辰官掌令父柱動文忠公誠一后 貫義城居善山 序十三

權應範 字益謙官持平父旣 貫安東居慶州 序十四

金瑞復 父僙 貫豊山 序十七

呂奎明 父弘大 貫星山 序十九

同年十一月初一日庭試榜　策　信

甲科一人

乙科二人

丙科六人

金夏璉　父　皓　貫慶州　序六

戊戌七月二十七日謁聖榜

甲科一人

乙科二人

丙科一人

同年八月十一日庭試榜　策　義利

甲科一人

乙科二人

丙科五人

巳亥八月初八日南漢庭試榜　賦　在德不在險

甲科一人

乙科一人

丙科一人

庚子三月十六日式年榜

甲科三人

金聲應　字元開號盤窩生　英宗乙巳官都事父若衡兵使富仁后貫光山居禮安　序三

乙科七人

金聲秋　父致廉貫商山　序六

丙科三十四人

徐有沂　父謹修貫達城　序十一

李鎭宅 字養重官經歷贈秘書承父雲培文忠公齊賢后貫慶州居慶州 序二十一

閔升龍 父墹貫驪興 序二十二

鄭來成 字岐瑞號思軒生英宗甲子官左尹父贈戶叅重變都事侄玄孫縣監士誠后貫淸州居安東 序二十四

權文度 字士雅生英宗庚申官持平父思謙忠定公橃后貫安東居安東 序二十八

孫鎭翼 官察訪父府尹萬雄贈承旨禑后貫慶州居尙州 序三十一

姜世膺 父必玉貫晉州 序三十四

壬寅三月初十日謁聖榜

命官領相徐命善主文金鍾秀表東漢賀過魯祀孔子及七十二弟子御講堂命太子諸生設經

甲科一人

乙科一人

丙科二人

同年十月初五日平安道別試榜

試官鄭昌聖 賦 比黃河

甲科一人
乙科一人
丙科七人

同年十一月十二日咸鏡道別試榜　試官鄭一祥　賦　天一

甲科一人
乙科一人
丙科五人

同年十二月十三日庭試榜　命官金熠判書鄭昌聖　箋○○　賓鑑撰成○○內閣諸臣謝賜係馬

衆樹

甲科一人
乙科二人
丙科十二人

癸卯四月二十日增廣榜 表○○文武宗親百官等寶鑑稱慶學世室躋享之禮元子定號之命

甲科三人

乙科七人

丙科二十八人

申馥 父思珏 貫平山 序八

姜世綸 父必岳 貫晉州 序十七

權訪 父濤 貫安東 序二十二

年九月十八日庭試榜 策 知人則哲能官人

甲科一人

乙科一人

丙科三人

同年十月二十三日式年榜

甲科三人

崔　壁　字仲蘊號質夫生　英宗癸未官正言父宗燮貞武公震立后貫月城居慶州　序一

趙錫虎　父覯經貫豊壤　序二

李東仁　字棨叔生　英宗壬申官殿令父德中大憲元祿玄孫觀察禮孫后貫廣州居丹城　序三

乙科七人

李鼎德　字象汝號蒼厓生　英宗壬申官大諫父進士憲爀文元公彥廸后貫驪州居慶州　序三

朴顯輔　字子相號晩節亭生　英宗戊申官典籍享巴溪祠父正郎泰彙赤羅君軒后貫咸陽居義興　序四

丙科二十三人

鄭　棟　父仁衡貫草溪　序二

黃載寶　父玉漢貫昌原　序四

閔廣魯　父直宜貫驪興　序六

朴在翼　父來吾貫密陽　序七

李思謙 父天水貫星州 序八

孫曾慶 字聖除號竹隱生 英宗戊辰官監察父益顯府尹萬雄
后貫慶州居尙州 序九

李昌胄 父春普貫全州 序十

南景龍 父圖萬貫英陽 序十四

宋應望 字汝瞻號東湖生 英宗癸亥官持平父之河忠肅公希
奎后貫冶城居星州 序十七

甲辰九月二十六日庭試榜 命官洪樂性主文吳載純 御題
重熙堂銘

甲科一人

乙科二人

丙科十五人

同年十月初三日庭試榜 命官洪樂性主文吳載純 表周賀
配后稷於圜邱從祀文王於明堂以
備尊尊親親之義 賦 于汝極錫汝保極 賦表各取
四人

甲科一人

乙科二人

丙科五人

鄭允中 字賭天生 英宗乙卯官典籍父弘源縣監道三曾孫判官澤后貫晋陽居尙州序一

乙巳三月十一日謁聖榜 命官鄭存謙主文吳載純 御題 大聖殿銘

甲科一人

乙科一人

丙科三人

同年十月二十八日討逆庭試榜 命官金熤表唐尉遲敬德謝於躍馬翼蔽之日諭以象人證公必反我獨保明福善有徵何相報之晩也 親臨春塘臺

甲科一人

乙科二人

丙科七人

丙午二月二十七日對擧別試榜

命官鄭存謙 表宋曹彬謝江南征行之日禁中賜酒沃其面撫其背戒勿暴掠論以平定之日授以使相印

甲科一人

乙科二人

丙科四人

同年三月十一日重試榜

命官徐命善 主文李命植 唐封郭子儀汾陽王詔

甲科一人

乙科二人

丙科五人

同年三月十三日式年榜

命官鄭存謙 賦 鳳凰鳴矣于彼高岡梧桐生矣于彼朝陽

甲科三人

李龜雲 字應瑞號仕隱生 英宗甲子輔德官刑參父同樞世翊 贈吏參守元孫 贈吏議 集曾孫主簿克哲玄孫文純

公　滉后貫眞寶居禮安　序二

乙科七人

洪宅夏　字華老號睡軒生　英宗壬申官吏正父龜吉舍人魯后貫缶溪居義興　序四

李鼎秉　字彜執號琴坡生　英宗乙卯官右尹父　贈吏叅憲曰文元公彥廸后貫驪州居慶州　序七

丙科二十二人

姜世揆　父必亨貫晋州　序十四

丁未正月二十四日庭試榜　命官洪樂性主文吳載純洪良浩御題　爲此春酒以介眉壽

甲科二人

乙科二人

丙科十二人

申若樞　父　淳貫高靈　序四

己酉二月二十六日謁聖榜　命官金熤　御題　賦　天作高山

甲科一人

乙科二人

丙科三人

同年三月初十日式年榜

命官金熤 御題 銘 觀豊閣

甲科三人

乙科七人

丙科五十人

鄭馦 字叔薰生英宗丙子官禮佐父師沂校理以僑后貫延日居金山 序五

金翰東 字翰之號臥隱生英宗庚申官觀察父贈吏參景泌贈吏判希參后貫義城居安東 序六

朴鼎元 父課貫密陽 序五

洪宗涉 貫缶溪 序七

金永彁 字忠可號蓉菴生英宗戊午官禮佐父郡守正龜贈戶參以道后貫金海居醴泉 序二十五

李志容　父允廸貫星州　序二十六

柳之源　字復初生　英宗庚午官別檢父正鉉　贈吏叅復起后　貫全州居安東　序二十九

李瑛　(埛)字時應號西皐生　英宗乙酉官正言父克培兵郎增　祿曾孫洗馬　㬇后貫興陽居尙州　序三十一

姜時煥　父　秏貫晉州　序三十二

同年十一月初四日別試榜　命官左相金鍾秀　御題　賦　子　興示夜

甲科一人

乙科一人

丙科三人

庚戌二月十一日水原別試榜　命官蔡濟恭　御題　賦　股肱　郡　園幸時　親臨試取水原廣

州果川三邑人許赴

甲科一人

乙科一人

丙科三人

同年二月二十五日啓聖祠試取榜 主文洪良浩 御題 賦 自生民以來未有盛於

孔子

甲科一人

乙科一人

沈能變 字聖和號悠菴生 英宗丁亥官同副承旨父祐之貫靑松居金泉 序一

丙科二人

同年九月二十日增廣榜 命官蔡濟恭主文吳載純 御題 頌 一人元良萬國以貞

甲科三人

乙科七人

丙科三十七人

金熙成 父宅東貫義城 序三

李觀吾 字聖應號竹塢生 英宗庚辰官持平父宜昌生員文嵩曾孫貫蔚山居蔚山 序七

李鼎牧 字九甫生 英宗丁丑官注書父憲質文元公彥廸后貫驪州居慶州 序二十

壬子三月十三日式年榜 命官朴宗岳提學徐浩修 御題銘三角山

甲科三人

乙科八人

李秉烈 父孝命 貫星州 序五

丙科四十八人

姜學濬 字聖翼號寒溪生 英宗庚寅官掌令父錫臨殷烈公民瞻后貫晉陽居晉州 序七

崔啓運 (心健)字聖會號浔軒官縣監父杜臣僉使繼宗后貫月城居慶州 序十九

朴榮東 父孝聞貫潘南 序二十

鄭渤 字叔潤生 英宗辛巳官正字父惟軾 贈兵參汝康后貫東萊居漆谷 序二十二

金直 字敬之號芝厓生 英宗乙丑官都事父光鎬戶參友璧曾孫司正日成后貫義城居榮川 序二十一

禹錫龜 字宗瑞號洗心窩生英宗丁亥官持平父大一文僖公倬后貫丹陽居昌寧序三十

甲寅二月二十二日謁聖榜

命官蔡濟恭 御題 賦 文武吉甫

甲科一人

金近淳 父履鍵貫安東 序一

乙科二人

柳相祚 字爾敬生英宗癸未官兵判豐安君父豐恩君宗春文忠公成龍祀孫貫豐山居安東 序一

丙科三人

同年二月二十八日庭試榜

命官金熹 主文鄭昌順 御題 賦 君曰卜爾萬壽無疆

甲科一人

乙科二人

丙科四十七人

柳台佐 字士鉉號鶴棲生英宗癸未官禮叅父僉知師春豐昌君澐孫文忠公成龍后貫豐山居安東 序五

金熙洛　父斗東貫義城　序十八
姜世伯　父必岳貫晋州　序三十四
黃萬齡　父仁寶貫昌原　序四十

乙卯閏二月十二日華城別試榜　命官左相俞彦鎬　御題賦　謹上千千歲壽　陪慈宮幸園
所時試取水原廣州始興果川四邑人許赴

甲科一人
乙科一人
丙科三人

同年三月十三日式年榜　御題賦　每年長醉太平盃　親臨春塘臺

甲科三人
乙科七人

金熙周　父始東貫義城　序六

丙科三十九人

孫錫祉 字士憲號望雲亭生 英宗辛巳官縣監父起初僉正亢后貫密陽居昌寧 序一

李夢龍 父載天貫永川 序二

崔仁簡 字義甫號拙軒生 英宗壬午官掌令父之鴻貫月城居慶州 序五

李義發 字又文號雲谷生 英宗戊子官刑判叅耆社謚僖靖父贈吏判宜明忠簡公民寏后貫永川居義城序六

朴光錫 父聖洙貫順天 序七

鄭時善 父承穀貫海州 序二十七

金魯範 字景默號忍齋生 英宗己卯官禮正父錫祚贈戶叅以道后貫金海居醴泉 序三十九

同年九月初六日大庭試榜 命官李秉讓 賦 后稷之孫實惟太王 親臨春塘臺

甲科一人

乙科二人

丙科二十一人

李周楨 父弘輔 貫固城 序八

丙辰二月二十日別試榜 命官尹蓍東 賦 槐陰滿庭 重試對擧 親臨春塘臺

甲科一人

乙科一人

丙科三人

同年同月同日重試榜 表 唐李泌進身 親臨明政門

甲科一人

乙科三人

丙科六人

戊午三月十二日式年榜 命官金履素 銘 蕩蕩平平

甲科三人

朴時源 字穉實號逸圃生 英宗甲申官司諫父命樞師豹進士文曄曾孫大諫承任后貫潘南居榮川 序二

乙科七人

丙科四十三人

辛碩林 字文瞻號聽溪軒生 英宗丙戌官持平享桂陽祠父同樞應鳳忠莊公礎后貫靈山居靈山 序十八

李世伯 字玉瑞生 英宗丙申官都正父守聖文純公滉后貫眞寶居禮安 序二十三

鄭僑 父衡相貫東萊 序二十五

朴慶九 字鼎凝號不惱齋生 英宗戊子官正言父擎國贈左承旨廷璠后貫高靈居高靈 序二十九

丁若琇 字孟晋生 英宗辛巳官典籍父載鍾進士諱愼曾孫忠靖公應斗后貫羅州居榮川 序三十八

己未九月三十日謁聖榜 命官李時秀 賦 夫子在座親臨春塘臺

甲科一人

李奎鎭 字而拱號農棲生 英宗癸未官掌令 贈左贊成父贈戶判敏謙正字廷賢后貫星山居星州 序一

乙科二人

丙科三人

戊子九月二十六日春塘臺庭試扳去人二月二十二日復科

甲科一人

乙科一人

庚申四月初四日庭試榜 命官沈煥之 賦 周邦自后稷干有餘年至文王始受命 親臨春塘臺

甲科一人

乙科二人

丙科三十八人

金尙元 字善長號晩醒生 英宗甲申官吏正父應龍進士鼎台曾孫忠順公宣弓后貫善山居善山 序六

純祖元年辛酉四月二十二日庭試榜 命官李時秀 賦 凢此厥初無有不善靄然四端隨感面見

甲科一人

乙科二人

丙科七人

金聲振　父錄　貫善山　序六

同年四月二十四日增廣榜　命官徐龍輔　銘　璿璣玉衡　登
極慶

甲科三人

乙科七人

丙科二十七人

沈能栻　父大之　貫青松　序十四

李泰淳　字來卿　號草草庵　生　英宗己卯　官兵叅　父龜元　文純公
滉后　貫眞寶　居禮安　序十九

同年十月二十一日式年榜　命官沈煥之　銘　齊政閣　親臨
春塘臺

甲科三人

金益䂓　父濟默　貫尙州　序三

乙科七人

成在基　父益烈　貫昌寧　序三

邊始暹　父益曾　貫原州　序四

李在嵩　字永叔號遷窩生　英宗己丑官正言父奎運承旨宗文
后貫全義居達城　序五

丙科二十五人

趙櫶　字希大號致齋生　英宗癸巳官叅議父瀗洙寺正　靖
后貫豐壤居尚州　序十七

孫之亨　父錫謨　貫密陽　序十八

權得中　父益亨　貫安東　序十九

金虎振　字文威號追慕齋生　英宗己丑官正言父澂精文忠公
宗直后貫善山居高靈　序二十三

壬戌二月二十八日庭試榜

命官徐龍輔　賦　二帝三王之道
本於心　親臨仁政殿

甲科一人

乙科二人

丙科五人

同年十月二十九日庭試榜　賦　衆維魚矣實有豊年

甲科一人

乙科二人

丙科四人

同年十一月初八日庭試榜　討李煥等天柱學逆慶

甲科一人

乙科一人

丙科一人

癸亥四月初十日謁聖榜　命官徐龍輔　賦　於樂辟雍

甲科一人

乙科一人

丙科一人

同年四月十二日增廣榜 命官金觀柱 銘 辟雍

甲科三人

乙科七人

丙科二十五人

李宅彬 父觀海貫德水 序六

張龍八 字伯鷹號南窩生 正宗戊戌官吏正父運燮忝奉 梟 后貫仁同居仁同 序十六

姜基煥 父棟貫晉州

甲子三月初七日庭試榜 賦 光天之下至于海隅蒼生萬邦黎 庶獻恭惟帝王 序二十三

甲科一人

乙科二人

丙科四人

孫興祖 字昌叔號晩窩生 英宗乙酉官正言父翼振都總管安 懋后貫屛山居尙州 序二

同年四月初四日式年榜

頌　濟濟多士秉文之德

甲科三人

乙科七人

崔道彬　字文應號惕若生　英宗庚辰官府使父秀坤主簿夢曦后貫慶州居陝川　序七

丙科二十八人

陳錫周　父慶壽貫驪陽　序六

梁宗維　父禹伋貫南原　序九

李彦淳　字景寛號聾窩生　英宗甲午官吏叅父僉樞龜容僉知守綱曾孫文純公滉后貫眞寶居禮安　序十一

金永範　字叔一生　英宗壬辰官正言父汝鍊文節公淡后貫禮安居榮川　序十三

金志濂　父顯貫順天　序十四

金瑩　父慶集貫延安　序十五

金世忠　父仁益貫順天　序十九

李以敬 字而亨生 英宗壬午官兵佐父進士弘運文翼公元禎后貫廣州居漆谷 序二十八

乙丑十月十三日庭試榜

賦 用之鄉人用之邦國以化天下

甲科一人

乙科二人

丙科三人

同年十月二十八日增廣榜

頌 辟雍

甲科三人

乙科七人

丙科三十二人

李麒峻 父克禮貫星州 序一

申冕周 字成之號市南生 英宗戊子官同副承旨父弘教進士灘玄孫修撰達道后貫鵝洲居義城 序十八

柳致明 字誠伯號定齋生 正宗丁酉官兵參父 贈吏參晦文贈吏議星休孫 贈吏參復起后貫全州居安東

嶠南科榜録卷之二　十五

序十九

丙寅三月初十日重試榜

表　宋賀左右史有起居注執政有時政記臺諫有日曆自聖宋始

甲科一人

乙科一人

丙科一人

同年同月同日別試榜

賦　周道始砥其直如矢君子所履小人所視　重試對擧

甲科一人

乙科二人

丙科三人

丁卯四月初十日式年榜

銘　金馬門

甲科三人

乙科七人

丙科二十八人

姜斗煥 父樂從 貫晋州 序十

李同淳 字義卿號樊广生 正宗己亥官戶叅父贈吏叅龜天贈吏議世學孫文純公滉后貫眞寶居禮安序十二

徐承烈 父幹碩 貫達城 序十三

黃贇熙 字襄之號晚翠軒生 英宗戊子官郡守父汝重翼成公喜后貫長水居尙州 序十四

李相龍 字舜輔號花溪生 英宗丁亥官正言父通仕郎天漢河濱君琚后貫河濱居安義 序十五

朴龍海 父相忠 貫密陽 序二十一

同年五月二十五日庭試榜 賦 善養吾浩然之氣

甲科一人

乙科一人

丙科三人

同年九月初十日謁聖榜 表 唐賀張九齡進千秋金鑑錄

甲科一人

乙科一人

丙科一人

同年十月初四日庭試榜 賦 忠信以爲甲冑

甲科一人

乙科一人

姜樏 父滾 貫晋州 序一

丙科四人

李銷 字聖鎔號景至齋生 英宗戊寅官吏佐父忠祿郡守柱世曾孫左副承旨彦英后貫碧珍居漆谷 序三

己巳十一月二十五日增廣榜 銘 觀豊閣

甲科三人

乙科七人

金虎運 父始弘貫義城 序一

李永祚 (源祚)字周賢號凝窩生 正宗壬子官判義禁諡定憲父贈左賛成奎鎭贈戶判敏謙孫星山伯能一后貫星山居星州 序六

權𤈦 父昌進貫安東 序七

丙科三十三人

權檜 父相允貫安東 序九

姜泰重 父始煥貫晋州 序十六

朴來謙 父善浩貫密陽 序二十三

姜文魯 父穆貫晋州 序二十九

庚午十一月二十日式年榜 銘 仁政殿

甲科三人

金樂周 字聖有號菊隱生 正宗戊戌官縣監父永立文節公淡后貫禮安居榮川 序二

乙科七人

丙科二十九人

李時獻 字弼聖號雲陽生 英宗辛卯官正言父五衛將宗爈孝節公貴輔后貫永川居寧海 序十八

禹錫簡 字子徵號知足軒官刑佐父贈中樞德邑文僖公倬后貫丹陽居昌寧 序二十二

張鳳周 字過文號省窩生 英宗癸巳官吏佐父鎭五忠貞公安世后貫仁同居仁回 序二十四

金致坤 父東礪貫順天 序二十八

辛未三月十六日庭試榜 惠慶宮患候平復慶

甲科一人

乙科三人

丙科十六人

壬申十月十三日庭試榜 命官曺允大 賦 周王壽考遐不作人 平西賊慶

甲科一人

乙科二人

丙科八人

癸酉十月二十二日增廣榜 銘 仁政殿

甲科三人

乙科七人

李元延 父之受 貫延安 序七

丙科四十一人

李祥奎 父邦榮 貫全義 序九

李元祥 字善長號依隱生 英宗壬午官修撰贈副提學父贈寺正鼎夏文元公彥廸祀孫貫驪州居慶州序二十六

李東廸 字惠之號溪叟生 英宗己丑官司諫父孝中大憲元祿玄孫工議澗雨后貫廣州居漆谷序三十一

李家淳 字學源號霞溪生 英宗戊子官應教父綵奉龜書崇祿世師孫文純公滉后貫眞寶居禮安序三十五

甲戌三月十一日庭試榜 命官沈相奎 賦 於乎不顯文王之德之純

嶠南科榜録龍榜卷之三　十八

甲科一人

乙科三人

崔昇羽　字士逵號哞窩生英宗庚寅官侍講父進士光翊定簡公睍后貫晋州居善山　序三

丙科十六人

申景雨　父紹陽貫平山　序三

同年四月十七日式年榜　主文金啓洛　賦　善養吾浩然之氣　序三

甲科三人

乙科七人

鄭煥義　字亨汝號晚翠軒生正宗丙午官承旨父縣監東老縣監德濟孫文獻公汝昌后貫河東居咸陽　序三

丙科二十八人

金永鎭　父夏均貫安東　序四

鄭光默　父亨國貫東萊　序九

成文璡　字士琦生　正宗丁酉官右承旨父孝仁貞節公思齊后貫昌寧居昌寧　序十

宋奎弼　字文徵號南皐官正言父啓周別提　亮后貫礪山居尙州　序十一

姜在勉　父泰煥貫晋州　序十二

盧光斗　父錫奎貫豊川　序十九

趙熙龍　字和叔號訥窩官司諫父得愚忠毅公宗道后貫咸安居晋州　序二十三

朴宗範　父會源貫潘南　序二十四

禹夏哲　字允明號三愼齋官察訪父錫光文僖公倬后官丹陽居昌寧　序二十五

柳致睦　字定五號厓雲生　英宗辛卯官大諫父憲祚文忠公成龍后貫豊山居安東　序二十六

李東翰　字君翊號源齋生　正宗己亥官學諭父碩彬中樞壽春曾孫工議仁廸后貫慶州居昌寧　序二十七

李昇坤　父東燦貫全州　序二十八

乙亥十月初七日庭試榜　賦　闢四門明四目

甲科一人

乙科三人

丙科十八人

同年十月二十四日平安道道科榜　別遣重臣設行　鄭晩錫

甲科一人

乙科一人

丙科五人

同年同月二十七日咸鏡道道科榜　別遣重設行　鄭尚愚

甲科一人

乙科一人

丙科六人

丙子九月初六日庭試榜　賦 對學　臣哉隣哉　親臨春堂臺　重試

甲科一人

乙科三人

丙科十六人

朴基旭 字曉汝號愚堂生 正宗丙午官持平父 贈衛將守範文貞公審問后貫密陽居義興 序三

同月十五重試榜 銘 石渠門 親臨春塘臺

甲科一人

乙科一人

丙科一人

同年十月初十日式年榜 命官南公轍主文朴宗慶 銘 仁政殿

甲科三人

乙科七人

金大坤 父璟勵貫瑞興 序一

鄭藎 字念祖生 英宗癸巳官校理父東燮文穆公 逑后貫淸州居星州 序二

權達準 字公立號苞齋生 正宗壬寅官都正父若寀左承旨命申孫大憲 定后貫安東居安東 序三

禹錫文 字子成號啞川生 正宗癸丑官郡守父贈中樞德昌文僖公倬后貫丹陽居昌寧 序四

丙科二十八人

孫爀 字公世官執義父聖浩景節公仲暾后貫慶州居慶州 序四

趙嶷 父錫權貫豊壤 序十

李益文 字士謙號竹圃生 正宗丙辰官兵議父秉誠夷靖公柁后貫全州居醴泉 序十一

李必玉 父得遠貫全州 序十四

朴春秀 父思澈貫密陽 序十六

尹效覺 父學華貫永川 序十八

李慶纘 父善濟貫慶州 序二十

徐洛淳 字仁叟官司諫父聖蹟貫達城居慶州 序二十二

權弘復 父泰衡貫安東 序二十五

丁丑五月初四日庭試榜

命官 兼 主文南公轍　賦　九思

甲科一人

乙科二人

丙科十三人

趙顯休 父錫商 貫漢陽 序一

柳璧祚 字玉成 號東野窩 生 正宗戊戌 官察訪 父亨春 文忠公成龍后 貫豊山 居安東 序二

金希呂 字士亨 號景西齋 生 英宗癸未 官掌令 父義眞 貫善山 居善山 序四

己卯四月二十五日式年榜

甲科三人

乙科七人

金龍翼 父重玉 貫商山 序四

趙彦國 字弼大 生 正宗癸丑 官正字 父星復 進士 居善 孫承旨德隣后 貫漢陽 居英陽 序六

宋台霖 字君八號林皐官府使父𪹚心別提亮后貫礪山居尙州 序七

丙科二十九人

李淵祥 字亨愚號知足堂生正宗戊申官大諫父鼎揩文元公彦廸后貫驪州居慶州 序五

李肇運 字稺邕生正宗丁酉官持平父東晃大憲元祿后貫廣州居漆谷 序十二

河錫洪 字聖則號愼菴生正宗丙午官禮佐父贈通政啓海文孝公演后貫晉州居昌寧 序十三

金瑞 字孟輯號鷹菴生英宗己丑官兵佐父鼎臣司直漢仝后貫義城居義城 序十四

姜道 父須永貫晉州 序十五

金相穆 字周老號佳亭生正宗己亥官兵議父敬喆文忠公宗直后貫善山居高靈 序二十

申大膺 父永訥貫平山 序二十三

金龍洛 字彦起號春皐生正宗乙卯官承旨父生員鍊國文忠公誠一后貫義城居安東 序二十五

權宗憲 父時達貫安東 序二十九

庚辰十二月初二日庭試榜 命官南公轍主文金履陽 賦 濟濟多士克廣德心

甲科一人

乙科二人

丙科六人

辛巳十一月初八日庭試榜

命官李肇源 御題 賦 平在朔易 親臨春塘臺

甲科一人

乙科一人

丙科三人

壬午四月初四日式年榜

命官金履陽 御題 銘 允文文王克開厥後 親臨春塘臺

甲科三人

李孝淳 字源百號洛北生 正宗己酉官判義禁父 贈贊成龜鼎 贈吏判世習孫文純公滉后貫眞寶居禮安序一

乙科七人

丙科二十九人

張周翼 父昌植貫仁同 序十五

李鐸 字夢汝生 英宗己丑官持平父正祿承旨彥英后貫碧珍居漆谷 序十六

朴龍天 字聖執號觀瀾齋生 正宗壬寅官司諫父時集大諫承任后貫潘南居桀川 序二十三

鄭象樞 字致拱生 正宗戊申官兵議父同樞秉魯文莊公經世后貫晋陽居尙州 序二十四

癸未四月初十日庭試榜

命官李存秀 御題 賦 欽明文思安安 親臨春塘臺

甲科一人

乙科三人

丙科六人

同年九月十七日庭試榜

命官金祖淳 御題 表 擬周羣臣賀虞芮來訟八境之日耕者讓畔行者讓路退以所爭之田爲閑田

甲科一人

乙科二人

丙科三人

乙酉四月十三日式年榜 命官金魯敬 御題 銘 湯之盤
親臨仁政殿

甲科三人

乙科七人

金斗明 字伯圓號樂天窩生 正宗己酉官掌令父進士默肅貫
義城居順興 序一

都寅曄 字德章生 英宗乙丑官持平父尚淑訓導台輔后貫星
山居星州 序五

丙科三十八人

金樂淵 字士能生 正宗壬子官察訪父通政永翼吏佐 埠曾
孫敏節公玏后貫禮安居榮川 序一

趙龍來 父顯浩貫漢陽 序三

李秉瑩 字聖實號川觀生 正宗甲辰官持平父益壽大憲興門
后貫京山居星州 序四

同年四月二十一日謁聖榜 御題 賦 周道知砥其直如矢
親臨春塘臺

甲科一人

乙科一人

丙科三人

丙戌三月初十日別試榜 命官金履敬 御題 銘湯之盤 親臨春塘臺 重試對擧

甲科一人

乙科二人

丙科五人

同年三月二十三日重試榜 御題 作之屏之其菑其翳 親臨 春塘臺

甲科一人

乙科一人

丙科一人

同年十月十三日平安道別試榜 命官道臣李羲甲 賦 濟濟 多士文王以寧

甲科一人

乙科二人

丙科三人

同年十月十三日咸鏡道別試榜　命官道臣李存秀　賦　文王克開厥後

甲科一人

乙科一人

丙科二人

丁亥四月初九日庭試榜　命官金履喬　御題　京表擬宋蘇軾請如先生之爲天下使天下之人欣欣然常有無窮之心　鄉賦懸鍾鼓磬鐸鞀以待四方

甲科一人

乙科三人

金驪書　父縣質　貫義城　序二

丙科二十四人

朴斂樹 父慶雲貫高靈 序十

同年十月十九日增廣榜 命官藝提朴宗薰覆試上試金履喬
御題 頌 首戴德

甲科三人

乙科七人

丙科三十人

李在直 字養仲號勿窩生乙丑官賛讀父修撰元祥文元公彥廸
后貫驪州居慶州 序十七

金宗奎 父相辰貫豊山 序十八

戊子四月二十二日式年榜 命官金履喬 御題 頌 河淸
王世子代臨春塘臺

甲科三人

乙科七人

黃起源 字夏言號歸園生正宗甲寅官執義父璉進士謙
后貫長水居密陽 序二

丙科三十人

趙民植　父澲　貫咸安　序三

李在翊　字用祐生　正宗甲辰官縣監父奎文承旨宗文后貫全
義居達城　序五

崔龍羽　父光岳貫全州　序十三

柳養晦　父寅春貫全州　序十九

孫相昊　字進若生　正宗丁巳官正字父星采鷄川君　昭后貫
月城居慶州　序二十

李晚奎　字景休生　正宗戊午官校理父彙璋文純公　滉后貫
眞賓居禮安　序二十一

趙準孝　字聖源號棠窩官掌令父同樞熙榮忠毅公宗道后貫咸
安居晉州　序二十六

己丑十月十八日庭試榜　命官金在昌主文提學金鏴　御製
京表擬虞羣臣賀闢四門有一家氣

像　親臨春塘臺

甲科一人

乙科三人

丙科三十八人

國朝科榜錄龍榜卷之三　二十五

李綱峻 字稚三生癸亥官大諫父命樞克問平靖公約東后貫碧珍居善山 序六

安潤著 父原悳貫順興 序十七

庚寅十月二十九日庭試榜 命官金履喬 御題 賦天乃錫禹洪範九疇 親臨春塘台

甲科一人

乙科一人

金建銖 父在仁貫義城 序一

丙科三人

辛卯四月二十四日式年榜

甲科三人

乙科七人

鄭裕榮 字季仁號萬拙堂生 正宗癸丑官副正字父復休剛義公世稚后貫烏川居永川 序五

丙科三十二人

徐珖輔　父有洛貫達城　序二

曺克承　父景燮貫昌寧　序八

李攸秀　字謹之生　正宗甲辰官正言父輝淵承旨光軫后貫驪州居密陽　序十

白海運　字德老號知松軒生甲子官兵議父僉樞居遲忠簡公文竇后貫大興居寧海　序十七

李彙圭　字心受號西溪生　正宗丙午官同副承旨父明淳文純公滉后貫眞寶居禮安　序二十五

甲午四月式年榜　御題　銘　崇政殿

甲科三人

乙科七人

金禹銖　父在善貫義城　序七

丙科三十九人

李晋祥　字魯伯生　正宗壬子官同副承旨父鼎儉文元公彥廸后貫驪州居夔州　序十五

金鎭右　字國兄生乙丑官承旨父中樞驥壽文忠公誠一后貫義城居安東　序十六

權憲八 父應樞 貫安東 序二十七

辛志鼎 字性養 號鄧窩 生正宗庚申 官承旨 父碩龍 忠壯公
礎后 貫靈山 居靈山 序二十八

憲宗元年乙未九月二十九日別試榜

命官金逌根 主文申在植 御
題 賦 行夏之時乘殷之
輅服周之冕樂則韶舞 親臨春塘臺

甲科一人

乙科二人

丙科三人

同年十月十三日增廣榜

命官金逌根 主文申在植 御題 賦
石渠門 親臨春塘臺 登極慶

甲科三人

乙科七人

金徹 字徵遠 號定窩 生正宗乙卯 官察訪 父是璧 生員 尙學
玄孫 縣監富倫后 貫光山 居禮安 序二

金重夏 字穉常 號桐巢 生正宗甲辰 官刑議 贈吏參 父吏議
宗鳳 吏參榮祖后 貫豐山 居安東 序七

丙科二十七人

權致和　字子猷號華西生　正宗戊午官掌令父必秉忠毅公應
鉌后貫安東居新寧　序九

權瓚煥　字文玉號香塢生　正宗壬寅官注書父東鎭縣監士諤
后貫安東居慶州　序二十四

丙申二月二十五日庭試榜

命官金逌根主文申在植御題
賦　君子不出家而成敎於國

甲科一人

乙科二人

丙科七人

李潭九　父尚穆貫驪州　序一

金義裕　字敬五號思村生　正宗庚申官正言父養駟都許議九
鼎后貫安東居養城　序三

同年同月二十九日重試榜

甲科一人

乙科一人

丙科三人

丁酉四月十二日式年榜

甲科三人

乙科七人

丙科三十一人

姜長煥　父　栻　貫晋州　序三

楊廷彬　父漢一　貫密陽　序十一

黃履明　父斗老　貫長水　序十二

鄭匡勳　父世賢　貫海州　序十六

河範大　父　鉉　貫晋州　序二十一

權龜洛　父　僩　貫安東　序二十二

金在瓘　字文吉號竹軒官左承旨陞喜善父　贈禮判尙秋節孝
公克一后貫金海　序二十三

安國鎭 父允彬貫順興 序二十四

李凝祥 字士安生 正宗庚子官兵議父鼎受文元公彥廸后貫驪州居慶州 序二十六

金錫熙 字敬可號霽崖生 純祖甲子官校理父鎭坤文敬公宏弼后貫瑞興居昌寧 序二十八

崔斗錫 字景受號莘圃官正言父 瑋貞武公震立后貫月城居慶州 序二十九

同年九月十一日庭試榜

甲科一人

乙科三人

申冕璜 父必敎貫鵝洲 序二

丙科六人

戊戌四月十七日庭試榜 命官趙寅永

甲科一人

乙科一人

李命允　字致福號安湖生　純祖甲子父完吉領相㷞后貫全州居晋州　序一

丙科一人

同年九月咸鏡道別式榜　主試道伯

甲科一人

乙科一人

丙科六人

已亥四月二十日庭試榜　命官申在植

甲科一人

乙科三人

丙科七人

張仁遠　字公武生　純祖己巳官吏叅父　贈吏叅錫頣文康公顯光后貫仁同居仁同　序四

庚子四月初四日式年榜

甲科三人

李在立 字子華號稽棲生 正宗戊午官正言父弼祥文元公彥廸后貫驪州居慶州 序三

乙科七人

丙科二十八人

金錫模 父[illegible]貫善山 序七

許銑 父澾貫金海 序十一

石基坤 字德履號鶴皐生 純祖甲子官掌令父汝黃直提學汝明后貫忠州居昌寧 序十二

柳道海 字宗源生 純祖丙寅官持平父聲睦文忠公成龍后貫豊山居安東 序十七

朴光立 字德甫官持平父尚宜僉中樞龍壽后貫密陽居慶州 序十八

成錫魯 父在學貫昌寧 序二十二

孫相馹 字善一號梧棲生 純祖壬申官校理父同樞星政景節公仲暾后貫月城居慶州 序二十三

金達淵 字而浩官持平父鎭洛文忠公誠一后貫義城居安東 序二十四

朴齊淵　字聖源號吾軒生純祖丁卯官兵叅父贈戶叅在純
贈寺正時晋曾孫文正公尚衷后貫潘南居榮川　序二十五

姜冕奎　父必[illegible]貫晋州　序二十六

李在瀞　字季鵬號漁叟生純祖丁卯官正言父民祥文元公彥
廸后貫驪州居慶州　序二十八

辛丑閏三月十三日庭試榜　除初試

甲科一人

李好亨　字學仲號樂山生純祖丙子官正言父挺虎贈左贊
成禮臣后貫慶州居眞寶　序一

乙科三人

權雲彩　父義孫貫安東　序一

崔虎文　父尚峻貫陽州　序二

丙科十五人

徐在懋　父成烈貫達城　序一

孫永老 字穉錫號木西生　純祖庚辰官掌令父石鍊府尹萬雄
后官慶州居尙州　序三

金鎭河 字穉清號篁岩生　正宗丙午官兵參父基中參奉隆
后貫咸昌居榮川　序五

李基東 字景章生　純祖戊辰官判事父靜浩貞愍公　瀣后貫
眞寶居榮川　序六

癸卯四月初九日式年榜

甲科三人

柳光睦 字謙叟號蓉洲生　純祖癸酉官承旨父周祚文忠公成
龍后貫豊山居安東　序一

乙科七人

丙科四十二人

金龍基 父煜貫永川　序二

李秉欽 字安叟號岩下生　純祖甲子官正字父龜壽大憲興門
后貫京山居星州　序六

朴公鎭 父基八貫密陽　序九

裵相奎 字致文生　正宗辛未父副護軍維震武烈公玄慶后貫
興海居安東　序十

李潤龍　父能節貫載寧　序十五

宋奎灝　字聖淳號石圃生　純祖庚辰官執義父命樞啓升別提
亮后貫礪山居尙州　序十九

南濱翼　官刑正父擎宇貫英陽居寧海　序三十八

丁集敎　字成彦生　純祖辛未官刑議父典籍若琇進士諫愼玄
孫忠靖公應斗后貫羅州居榮川　序三十九

金斗欽　父重佑貫豊山　序四十二

甲辰四月二十日增廣榜

殿試試官左叅贊趙重鉉臺試大諫權
稷　賦其仁如天其知如神就之如
日望之如雲　表擬虞羣臣賀景星出景雲興　策問鄕
貢即選擧之法

甲科三人

柳進翰　字景爽生　正宗戊午官承旨父豊安君相祚文忠公成
龍后貫豊山居安東　序一

乙科七人

丙科二十九人

琴詩述　父汝玉貫奉化　序十六

李晚運　字文五號雙翠生〔純祖乙亥官吏叅父刑議彙廷吏叅彥淳孫文純公〕浣后貫眞寶居禮安　序十七

乙巳四月十日庭試榜　命官領相權敦仁

甲科一人

乙科二人

丙科十一人

姜晉奎　父必輔貫晉州　序十一

丙午三月二十五日庭試榜

甲科一人

張龍逵（錫龍）字震伯號遊軒生〔純祖癸未官工判叅替社陞崇錄諡文憲父同樞學樞文康公顯光后貫玉山居仁同〕

乙科一人　序一

姜夏奎　父必應貫晉州　序一

丙科五人

同年三月十三日重試榜

甲科一人

乙科一人

丙科一人

同年三月十五日式年榜

甲科三人

李晩德 字日休生純祖己巳官正言父通德郞彙運文純公
滉后貫眞寶居禮安 序一

乙科七人

丙科二十八人

李舜善 父用甫貫固城 序十二

鄭正善 父銘敎貫海州 序二十一

朴鎬源 父師載貫潘南 序二十三

金麟燮　父㰒貫尙州　序二十六

權敎準　字遠可生純祖癸亥官掌令父嘉善若奎贈戶參師稷孫護軍尙中后貫安東居禮泉　序二十七

鄭昌休　父先近貫淸州　序二十八

丁未二月二十六日庭試榜

甲科一人

乙科二人

丙科二十一人

戊申五月十三日增廣榜

甲科三人

乙科七人

丙科三十三人

朴文鉉　父基寧貫順天　序十

李能燮 字公理號老石生 純祖壬申官吏叅父郡守在正文元公彥廸后貫昭州居慶州 序二十八

鄭東奎 字明瑞生 純祖甲申官校理父司僕正允愚文莊公經世祀孫貫晋陽居尙州 序三十一

同年十月三十日庭試榜 國朝寶鑑 親上太廟

甲科一人

李仁東 父尙白貫全義 序一

乙科一人

丙科一人

已酉四月初八日式年榜

甲科三人

李彙承 字擎天號信翁生 純祖丁卯官兵叅父贈吏叅行淳文純公滉后貫眞寶居禮安 序一

乙科七人

黃仁夏 字幼善生 純祖辛未官左副承旨父同樞愼貞翼公暹后貫昌原居豊基 序一

李彙秉 字文則號槐窩生 純祖己卯官禮議父通德郎仲淳
贈吏叅龜天孫 贈吏議世學曾孫文純公滉后貫眞
實居禮安 序七

丙科二十六人

張膺杓（時杓）字應七號雲皐生 純祖己卯官刑參父 贈吏叅
濟文康公顯光后貫仁同居仁同 序一

朴定鉉 父奎書貫順天 序三

郭泰魯 字馨遠號滄洲生 純祖癸亥官持平父柱華清白吏安
邦后貫苞山居大邱 序五

沈宜闓 父能裕貫青松 序六

李翊峻 字天路號誠齋生 純祖戊辰官大諫父僉樞克誠承旨
尙逸后貫碧珍居星州 序十七

同年四月二十日庭試榜 ○○大妣實齡周甲望七

甲科一人

乙科一人

丙科三人

裵象鉉 父 曇 貫興海 序二

哲宗元年庚戌四月二十八日增廣榜 登極增廣

甲科三人

乙科七人

姜鍊 父泰重 貫晋州 序四

丙科三十人

金鉐 父載顯 貫延安 序十六

金奎運 字景會 號梧村 生純祖辛酉 官刑叅 父吏叅重夏 吏叅榮祖后 貫豊山 居安東 序十七

金鎭衡 字德鍾 號晴簑 生純祖辛酉 官承旨 父縣監宗壽 文忠公誠一后 貫義城 居安東 序二十

李郭禹 序二十一

權翰成 字翼甫 號肯播齋 生純祖辛未 官吏正 父護軍得鍾 紀后 貫安東 居安東 序二十二

安致默 父廷震 貫順興 序二十三

李擎日 字[illegible]長號四留齋生　純祖丙戌官三司父作雨判書 良后貫月城居慶州　序二十五

李錫宙 序二十六

權泳夏 字聖游號退逸生　純祖庚午官兵參父工議載大忠憲 公正忱玄孫忠定公　檖后貫安東居安東　序二十八

辛亥三月十三日庭試榜 ○○妃殿大母臨五十年

甲科一人

乙科二人

崔鶴昇 字聲彥生　純祖丁丑官大諫父僉樞潤坤文貞公承老 后貫慶州居清道　序二

丙科八人

同年十月十七日庭試榜 憲宗○○孝顯王后附太廟追上尊號 ○○大妃殿尊崇王大妃殿尊崇大妃 殿尊崇王妃嘉禮合七慶慶科　親臨春塘臺

甲科一人

乙科二人

柳道彙 字茹卿號石皐生 純祖丙戌官承旨父護軍義睦文忠公成龍后貫豊山居安東 序一

丙科十人

曺錫萬 字景年號農棲生 憲宗戊子官司諫父望道承旨友仁后貫昌寧居善山 序六

同年十月十九日謁聖榜

甲科一人

乙科一人

丙科一人

壬子四月初九日式年榜

甲科三人

乙科七人

柳致鎬 字季好生 純祖戊辰官刑議父叅奉鼎文府使範休孫贈吏叅復起后貫全州居安東 序一

張錫駿 字見可號春皐生 純祖癸酉官左承旨父好樞生員趾學玄孫文康公顯光后貫玉山居仁同 序三

丙科二十九人

姜鍇　父命奎貫晉州　序二

李膺模　字景休生純祖壬申官正字父源永叓正錥孫副承旨彥英后貫碧珍居漆谷　序八

孫昊翼　字致玄號恒齋生純祖丁亥官持平父鍾應同樞澄九孫景節公仲暾后貫月城居密陽　序十

李晩耆　字德老號新岩生純祖乙酉官承旨父都事彙正文純公滉后貫眞寶居禮安　序十二

姜永奎　父益曾貫晉州　序十四

權仁成　字賛壽號逸溪官承旨父副護軍正觀忠康公濤后貫安東居丹城　序十五

同年十月十五日庭試榜　親臨庶政養隆長樂○○大妃殿加上尊號合二慶　親臨春塘臺

甲科一人

金（準十）　字致準號默窩生純祖乙酉官持平父鼎振文忠公宗直祀孫貫善山居高靈　序一

乙科一人

丙科五人

朴周雲　父弼寧貫咸陽　序二

朴來鵬　父文奎貫密陽　序四

李啓魯　字聖建號石林生純祖丙戌官吏叅父都正會相忠簡公東標后貫眞寶居安東　序五

癸丑三月二十日庭試榜　純祖○○追上尊號○○大妃殿加上尊號合二慶親臨春塘臺

甲科一人

乙科二人

丙科十二人

姜世奎　父必臣貫晉州　序二

金秉休　父永基貫商山　序十二

甲寅二月二十七日庭試榜　翼宗○○追上尊號○○大妃加上尊號憲宗○○追上尊號孝顯王后追上尊號大妃殿加上尊號合五慶　親臨春塘臺

甲科一人

乙科二人

丙科十六人

李墩佑　父寅　文　貫全州　序三

同年五月十五日耆老科榜

甲科一人

乙科二人

丙科三人

同年七月二十九日濟州道科榜

甲科一人

乙科一人

丙科一人

乙卯四月初四日庭試榜　景慕宮追上尊號　親臨

甲科一人

乙科一人

丙科十五人

同年四月初九日式年榜

甲科三人

乙科七人

丙科二十三人

李㬁林　字平叟生　純祖己丑官校理文純公　晃后貫眞寶居禮安　序一

權魯淵　字聖源號霞石生　純祖乙酉官承旨父命夏忠定公　機后貫安東居安東　序二

李晩瑩　字揚叟號南沜生　純祖乙酉官校理文純公　滉后貫眞寶居禮安　序三

李承德　字明吉號晩晦生　純祖壬戌官都正父鳳峻平靖公約　東后貫碧珍居密陽　序四

李民熙　父秉觀貫星州　序十一

姜景奎 父必教 貫晉州 序二十

姜運重 父道煥 貫晉州 序二十一

丙辰四月初四日別試榜

甲科一人

乙科二人

李彙濬 字深父號復齋生純祖丙寅官大司成父應教家淳崇祿世師曾孫文純公滉后貫眞寶居禮安序二

丙科七人

同年四月十六日重試榜

甲科一人

乙科一人

丙科三人

丁巳四月初九日庭試榜 ○○大妃殿寶齡將踰七旬王大妃殿寶齡洽滿五旬合二慶

嶠南科榜錄討榜卷之三　三十七

甲科一人

乙科二人

丙科二十人

蔡阜獻　父嶷東　貫仁川　序一

柳芝榮　字仲雍　號志山　生純祖戊子　官右承旨　父道鳳　大諫致睦孫　文忠公成龍后　貫豊山　居安東　序四

殷成浩　父致權　貫高陽　序五

戊午四月二十九日庭試榜

純祖○○廟號諡號尊號追上純元王后尊號○○大妃殿寶齡望六合五慶

甲科一人

乙科二人

丙科二十二人

柳厚祚　字再可　號洛坡　生正宗戊午　官左相　諡文憲　父掌令尋春　文忠公成龍后　貫豊山　居尚州　序一

同年十月十六日式年榜

甲科三人

乙科七人

朴來冕 父道浩 貫密陽 序六

丙科二十九人

金渭均 父炳㷜 貫安東 序二

朴海哲 父晋鉉 貫順天 序四

鄭昌東 父光濟 貫淸州 序九

李在原 字孝善 生正宗庚申 官正言 父啓祥 文元公彥廸后 貫驪州居慶州 序十三

李有臣 父仁默 貫載寧 序十五

鄭勛錫 (薰錫)字芝叟 父瓊 文穆公述后 貫淸州居星州 序十六

李在圭 字瑞可 生純祖戊子 官正字 父生員耆祥 大諫鼎德孫 文元公彥廸后 貫驪州居慶州 序十七

李晚由 字道汝號穆齋生純祖壬午官大諫陞嘉善父通德郎彙明副率程淳孫刑叅龜雲曾孫同樞世翊玄孫文純公滉后貫眞寶居禮安 序十八

金熙國 父駿東貫瑞興 序十九

李有魯 字聖若生純祖辛卯官正言父建相忠簡公東標后貫眞寶居安東 序二十一

尹鍾憲 父致任貫坡平 序二十八

己未三月十三日增廣榜 元子誕生慶 親臨春塘臺

甲科三人

乙科七人

丙科三十人

權好淵 字希顔號二山生純祖甲申官正言父縣監宅夏忠定公橃后貫安東居安東 序十五

姜鏈 父大重貫晉州 序二十三

庚申三月十二日庭試榜 純元王后祔大廟○○大妃殿王大妃殿加上尊號憲宗○○尊爲世室合四

慶

甲科一人

乙科二人

李祐三 字而說號臥洛生 純祖庚申官正言父生員炳九右尹
渭壽后貫驪州居龍宮 序一

丙科十六人

李晩松 字公茂號西溪生 純祖乙丑官正言父彙成文純公
滉后貫眞寶居禮安 序六

辛酉四月初二日庭試榜 純祖○○純元王后追上尊號合二慶
親臨春塘臺

甲科三人

乙科一人

丙科四人

千駟成 字士彥號懶睡生 純祖辛巳官正言父致億忠壯公萬
里后貫潁陽居濟道 序三

同年同月二十五日式年榜

甲科三人

乙科七人

丙科四十七人

許稷　父佐見貫金海　序一

鄭在晋　字舜則生純祖壬午官掌令父進士煥琦文獻公汝昌后貫河東居咸陽　序四

金章漢　字聖欽號後素生純祖癸巳官正言父鼎鎭刑議養根孫吏議瑛后貫安東居安東　序十一

張晋遠　字康叟生純祖辛巳官副正字父錫敏文康公顯光后貫玉山居仁同　序十三

柳道昌　字文汝號竹夏生純祖庚寅官校理父縣監祈睦文忠公成龍后貫豊山居安東　序十四

柳基賢　父宜貞貫晋州　序二十

柳章鎬　字伯憲生純祖癸未父郡守致潤僉樞道源玄孫贈吏叅復起后貫全州居安東　序二十二

姜鐸　父冕奎貫晋州　序二十三

李浚贊　父有復貫延安　序二十八

金斗洽　父錫夏貫安東　序三十一

趙景昌　父光熙貫密陽　序三十五

金泰煥　父載顯貫延安　序三十八

張皓根　父潤貫德水　序四十

愼在寬（錫九）父必騏貫居昌　序四十四

壬戌三月初十日庭試榜　純祖〇〇純元王后追上尊號合二慶

甲科一人

金學魯　父尙燦貫一善　序一

乙科一人

丙科十三人

李是德　父承達貫驪州　序三

鄭友鉉　字應文號松皐生　憲宗癸卯官縣監父在斗文獻公汝昌后貫河東居咸陽　序八

朴鳳煥 父惟權 貫密陽

同年閏八月十二日庭試榜 上候平復慶 序十二

甲科一人

乙科一人

丙科四人

癸亥六月初二日濟州道科榜

甲科一人

乙科一人

丙科三人

同年八月二十七日庭試榜 使事順成大殿上尊號中宮殿上尊號合三慶

甲科一人

蔡東寔 父周永 貫平康 序一

乙科二人

李泰永　父思復貫羅州　序一

丙科十五人

孫永一　父鳳熙貫密陽　序一

金尙萊　父生洵貫扶安　序三

韓聖根　父周喆貫淸州　序六

高宗元年甲子五月十二日庭試榜　○○大妃殿加上尊號王大妃殿加上尊號合二慶

甲科一人

許栻　(元栻)字舜弼號三元堂生純祖戊子官吏佐父淮文敬公稠后貫河陽居咸陽　序一

乙科二人

丙科十五人

同年十月十八日增廣榜　登極稱慶

甲科三人

乙科七人

丙科二十七人

張原相 字學夫生純祖癸巳官同副承旨父吏叅仁遠贈吏叅錫頤孫文康公顯光后貫玉山居仁同 序七

金錫輸 父大坤貫瑞興 序二十五

乙丑四月二十八日式年榜

甲科三人

李能華 字而觀生純祖庚寅官兵議父在權文元公彥廸后貫驪州居居昌 序二

乙科七人

丙科三十三人

金養默 字養悅號亦憂堂生純祖甲申官掌令父相儼文忠公宗直后貫善山居高靈 序二

權仁斗 字祈七號紫川官司諫父副護軍正馥忠康公壽后貫安東居丹城 序三

趙熙重 字成七官正郎父廷晉忠毅公宗道后貫咸安居晉州 序四

趙在元 父鉉翼貫豊壤 序八

柳星杓 父善蒙貫全州 序十三

崔　溶 字氣然號菊泉生純祖辛巳官掌令父護軍祥儀文成公阿后貫全州居晉州 序十九

金龜洛 字錫夏生憲宗甲午官注書父師鏞生員輝運曾孫文貞公宇顒后貫義城居晉州 序二十

張錫烋 (祚)字陽仲號小亭生憲宗辛丑官右副承旨父運杓文康公顯光后貫玉山居仁同 序二十三

朴奎燦 父民謙貫順天 序二十七

丙寅三月二十六日庭試榜

哲宗○○祔太廟○○大妃殿王大妃殿大妃殿尊崇合四慶

甲科一人

乙科二人

丙科十七人

同年四月初九日重試榜

甲科一人

乙科一人

丙科三人

同年九月二十九日庭試榜

親臨庶政長隆長樂王妃嘉禮翼
宗〇〇追上尊號〇〇大妃殿加上
尊號憲宗〇〇追上尊號孝顯王后追上尊號王大妃殿
加上尊號哲宗〇〇追上尊號大妃殿加上尊號王大妃
殿疹侯平復合十慶

甲科一人

李晩壽　字觀必號響山生憲宗壬寅官承旨陞資憲父大成棐
濬應敎家淳孫文純公滉后貫眞寶居禮安序一

乙科二人

丙科五人

金鳴魯　父益賛貫金海　序二

同年十月初三日謁聖榜

甲科一人

乙科一人

丙科一人

同年十一月十三日平安道道科榜

甲科一人

乙科一人

丙科三人

同年十二月十三日江華府別試榜

甲科一人

乙科一人

丙科四人

同年十二月十四日開城府別試榜

甲科一人

乙科一人

丙科一人

丁卯二月初九日咸鏡道別試榜

甲科一人

乙科一人

丙科二人

同年四月初九日式年榜

甲科三人

洪載順 字應汝號葵窩生 純祖乙亥官工判父都正容默忠烈公翼漢后貫南陽居順興 序二

乙科七人

丙科三十六人

李章翊 (舜儀) 父應紹 貫全州 序十六

曺逵承 父曒燮 貫昌寧 序十七

權景直 字汝行號紫霞生 憲宗戊戌官司諫父翼弼忝奉克亮 后貫安東居丹城 序十九

李晩容 字景燁生 純祖辛未官應教父護軍彙詩文純公滉 后貫眞寶居禮安 序二十

趙述大 字準堯生 正宗戊午官護軍父儀洙寺正靖后貫豊 壤居尙州 序二十五

朴宇鉉 父奎書 貫順天 序二十七

同年九月十七日庭試榜 ○○大妃殿寶齡六旬翼宗○○追上 尊號○○大妃殿加上尊號合慶

甲科一人

鄭度仁 父廷弼 貫海州 序一

乙科二人

鄭憲哲 父在潤 貫河東 序一

丙科五人

姜永壽 父璘 會 貫晋州 序一

戊辰十一月庭試榜 法宮重建〇〇大妃寶齡周甲合二慶

甲科一人

乙科二人

丙科十二人

李尙鶴 (榮) 父東秀 貫月城 序一

金永熏 父壽祿 貫金海 序四

盧應吉 字可燁號晦堂生 純祖丁亥官正言父以健生員碩㞐后貫光州居草溪 序五

趙在斗 (正教)字孟仁生 純祖己丑官正言父昌晋典籍又新后貫漢陽居聞慶 序十

同年三月二十日宗親科榜

甲科一人

乙科二人

李鉉亭　字乃玉號竹溪生　純祖甲午官正言父天雄忠信公
恮后貫全州居固城　序一

丙科二人

李康勳　字泰汝號薇川生　純祖辛　官吏正父同樞起麟孝寧
大君　補后貫全州居鎭海　序二

己巳三月二十日庭試榜

甲科一人

都錫壎　字和應號錦坡生　純祖壬申官獻納父大珪　贈承旨
慶俞后貫星州居大邱　序一

乙科二人

丙科二十九人

李東榮　父集澤貫慶州　序二

車正緯　字平執號竹軒生　純祖庚辰官持平父通德郞達興剛
烈公云革后貫延安居草溪　序九

權載喆　字致吉生　純祖丙戌官修撰父球度忠定公　欆后貫
安東居安東　序二十四

庚午三月二十二日庭試榜

甲科一人

乙科二人

丙科十九人

朴遇賢 父秀龍 貫高靈 序八

同年四月二十八日式年榜

甲科三人

閔致亮 父在圭 貫驪興 序一

愼炳祐 父應九 貫居昌 序三

乙科七人

權仁龍 字瑞日 號松石 官注書 父副護軍正馥忠康公一濤后 貫安東 居丹城 序一

權鳳煥 父秉錫 貫安東 序四

朴文彬 父陽秀 貫密陽 序七

丙科二十三人

李晩魯 字仲連號海岩生純祖丁亥官持平父彙祥贈司僕正龜蒙曾孫文純公滉后貫眞寶居禮安序二

朴明壽 字道年號菊泉生純祖癸未官正言父進士宗喬司諫時源孫大諫承任后貫潘南居榮川序十二

辛未三月十三日謁聖榜

甲科一人

乙科三人

丙科五人

同年三月十五日庭試榜

甲科一人

乙科三人

丙科二十二人

張仁煥 字致安號櫟坡官持平父守正判官日新后貫順天居安東序二

金羽永 字景咸生憲宗丙午官正言父都正震銖貫義城居順興 序四

李允宇（喆宇）父會冕貫全州 序二十一

壬申二月初四日謁聖榜

甲科一人

乙科一人

丙科三人

同年三月初五日開城府庭試榜

甲科一人

乙科二人

丙科二人

同年四月初九日庭試榜

甲科一人

乙科二人

丙科十八人

癸酉四月二十六日式年榜

甲科三人

乙科七人

姜運馨　父灝永貫晉州　序二

洪正厚　字穉承生純祖壬辰官應教父判書玩莊敏公淑　后貫南陽居順興　序七

丙科三十五人

姜聖喜　父台俊貫晉州　序五

李彙相　序二十

梁致默　父鎭學貫南原　序二十一

李益秀　父以埵貫廣州　序二十八

趙時植　父漢祥 貫咸安　序二十九

趙南軾　父起文 貫豊壤　序三十二

同年八月十九日庭試榜

甲科一人

乙科二人

丙科七人

甲戌五月十五日增廣榜

甲科三人

乙科七人

朴海淳　父大鉉 貫順天　序三

丙科三十五人

同年九月初九日庭試榜

甲科一人
乙科二人
丙科八人
乙亥四月二十八日別試榜　王世子冊禮
甲科一人
乙科三人
丙科三十人
鄭度仁　父匡弼 貫坡州
丙子三月初六日庭試榜
甲科一人
乙科二人
丙科二十八

序十八

同年三月十二日重試榜

甲科一人

乙科一人

丙科三人

同年三月二十一日式年榜

甲科三人

朴宗鉉　父基健　貫順天　序二

乙科七人

柳道緯　字文可號秋汀生　憲宗己酉官校理文忠公成龍后貫豐山居安東　序四

丙科三十四人

安禧遠　父孝完　貫慶州　序二十一

李晩鉉　字英玉生　純祖壬辰官校理陞通政父通德郞彙禨通德郞朱淳孫刑叅龜雲曾孫同樞世翊玄孫文純公滉

后貫眞寶居禮安　序二十二

同年四月初九日咸鏡道道科榜　以太祖〇〇九回甲乙亥十月有成命値冬退行

甲科一人

乙科一人

丙科六人

丁丑四月初九日庭試榜　命官洪淳穆　親臨春塘臺

甲科一人

乙科二人

丙科十八人

盧泳敬　字景涵號欽齋生　哲宗乙巳官特進官父　贈吏叅光鏞文簡公守愼后貫光州居慶州　序十八

同年九月十五日耆老儒生應製榜　除殿試放榜

戊寅四月二十一日庭試榜　命官金炳學　親臨春塘臺

甲科一人

乙科二人

丙科十五人

鄭承鉉 父在學 貫河東

己卯二月二十七日庭試榜 命官金炳學 親臨春塘臺 序十二

甲科一人

乙科二人

丙科十八人

權溥淵 字孟見號岩泉生 哲宗丁未官司諫父龜夏縣監 儀后 貫安東居安東 序十七

同年三月初六日庭試榜 命官李最應 親臨春塘臺

甲科一人

乙科二人

丙科五人

同年閏三月二十一日式年榜　考官金輔鉉　侍讀官李晩鉉親
臨春塘臺

甲科三人

李中彥　字仲寬生哲宗庚戌官正言父僉知晩佑文純公滉
后貫眞寶居禮安序三

乙科七人

丙科三十九人

鄭國鉉　字元瑞號槐園生憲宗甲辰官司成父贈吏議在箕
叅奉煥輔孫文獻公汝昌后貫河東居咸陽序三十三

庚辰五月十九日庭試榜　命官領相李最應　親臨春塘臺

甲科一人

乙科一人

丙科二人

同年六月二十四日增廣殿試榜　命官金炳始　御題　銘　試
極門　親臨春塘臺

甲科三人

乙科七人

卞應洙 字汝溪號志齋生 憲宗丙午官吏正父僉樞 贈兵判延壽后貫草溪居昌原 序七

丙科六十二人 成岐運以下三人特付

李淵默 父東玉貫眞寶 序二十四

李奎一 官正言父熙龍副提學孟賢后貫載寧居尙州 序四十九

李中斗 字運卿號小溪生 哲宗丙申官吏議父晚栢文純公滉后貫眞寶居禮安 序五十

李起東 父景儀貫全州 序五十三

同年九月二十日謁聖榜 命官李最應 親臨春塘臺

甲科一人

乙科二人

丙科四人

同年十一月二十九日庭試榜　命官金炳始　親臨春塘臺

甲科一人

乙科二人

丙科一人

辛巳三月二十七日庭試榜　考官尹滋德　親臨春塘台

甲科一人

乙科一人

丙科十人

壬午三月二十二日別試殿試榜　主試洪淳穆　親臨春塘台

甲科一人

乙科三人

盧相益　字致三生憲宗己酉官侍講父丞政泌淵主簿克弘后貫光州居密陽序一

金炳淵 (甲敎)字景元生 憲宗丙午官正字父 鐸文貞公 玲后貫光山居禮安 序二

丙科十九人

金鎭懿 字美卿生 哲宗丙辰官承旨父平壽文忠公誠一后貫義城居安東 序九

同年四月初六日庭試榜 主文金炳周

甲科一人

李龜相 字穉登號蒲石生 純祖己丑官校理父源奎正字廷賢后貫星山居星州 序一

乙科二人

丙科二人

同年十月二十日增廣殿試榜

甲科三人

鄭佑默 字天必生 憲宗己酉官同副承旨陞嘉善父府使東箕文莊公經世后貫晋陽居尙州 序二

乙科七人

丙科五十一人

同年十二月別試榜

甲科一人

乙科二人

丙科七人

李晚正 字啓衍號勿言臺生　純祖庚寅官應敎父同中樞彙徹
文純公　滉后貫眞寳居禮安　序六

癸未三月十二日式年殿試榜

壬午式退至今年

甲科三人

李晚煃 字順則號柳川生　憲宗乙巳官校理父大成彙濟應敎
家淳孫文純公　滉后貫眞寳居禮安　序二

乙科七人

權錫洛 (重万)字禹若號石下官正言父府使仁國忠康公　濤后
貫安東居丹城　序四

丙科三十一人

具然鎬 字奉圭號晩悔生　哲宗辛酉官校理父德祖承旨嵒
后貫綾城居晉州　序二十

同年五月十五日別試榜

甲科一人

乙科二人

丙科十一人

張錫裕 字晦伯號春潭生　憲宗戊戌官左承旨父運杓文康公
顯光后貫玉山居仁同　序一

乙酉三月十七日庭試榜

甲科一人

乙科二人

丙科四十一人

同年四月十六日式年殿試榜

甲科三人

乙科七人

朴時奎 字聖章生 哲宗辛酉官正言父 贈提學憲復生員昌宇后貫密陽居蔚山 序四

丙科二十五人

同年九月十五日增廣榜

甲科三人

乙科七人

丙科三十六人

鄭宜默 字孟齊生 憲宗丁未官府使父校理東奎司僕正允愚孫文莊公經世后貫晉陽居尙州 序四

張承遠 字孔有號雲庭生 哲宗癸丑官觀察父文憲公錫龍文康公顯光后貫玉山居仁同 序五

丙戌三月初七日庭試榜 重試對擧 除初試

甲科一人

乙科二人

丙科二十三人

同年三月十六日重試榜

甲科一人

乙科二人

趙南軾　見癸酉式年

丙科二人

同年十二月二十五日平安道科榜

甲科一人

乙科一人

丙科十人

丁亥正月十三日咸鏡道科榜

甲科一人

乙科一人

丙科六人

同年三月十五日庭試榜　除初試

甲科一人

乙科三人

丙科二十人

安孝轍　字致道號南汕生　哲宗甲寅官注書父太重觀察處善　后貫廣州居密陽　序一

同年十一月初九日開城府道科榜

甲科一人

乙科一人

丙科五人

同年十二月十六日庭試榜　除初試

甲科一人

乙科二人

丙科三十四人

金載善（義善字德老號嶺樵生 憲宗癸丑官正言父 贈監察 敏喆博士三達后貫靈岩居固城 序九）

戊十二月初三日耆老應製榜（八十一歲除殿試放榜進士七人 一體放）

三人

同年三月二十二日庭試榜

甲科一人

乙科一人

丙科十二人

同年四月十九日式年榜

甲科三人

李章燮 字理一號竹坡生 哲宗甲寅官校理父淵在監役魯求
孫忠簡公民寏后貫永川居義城 序二

乙科七人

丙科二十四人

崔圭升 字聖可號泗陽生 憲宗辛丑官持平父台鎭貫全州居
三嘉 序四

李中久 字正甫號紫雲生 哲宗辛亥官校理父能德文元公彥
廸后貫驪州居慶州 序五

李能馥 字景由號自笑生 純祖癸巳官正言父在海文元公彥
廸后貫驪州居慶州 序十

同年八月初九日別試榜

甲科一人

乙科三人

丙科三十五人

金輝炳 字士均生 哲宗甲寅官正言父樂洙監役永琮孫文節
公湙后貫宣城居榮川 序十七

張紀淵 字祚元號漢南生 哲宗戊午官侍讀父奎鎭延福君末
孫后貫仁同居安東 序二十九

己丑十二月十八日謁聖榜

主文韓章錫

甲科一人

乙科

丙科

鄭淳元 字乃亨號小蘭生辛未官直閣父 贈通政直鉉縣監東老會孫文獻公汝昌后貫河東居咸陽

康始甲 字元一號漢雲生甲戌官正言父教官 燦 贈左贊成惟善后貫信川居善山

庚寅榜

朴時龍 字深可生 哲宗辛亥官侍讀父郡事容復生員昌宇后貫密陽居蔚山

高濬 字禹成號翠山生 哲宗癸丑官正言父護軍彥光司藝仁繼后貫開城居尙州

尹夏一 字聖華生 哲宗甲寅官掌令父景浩牧使 宕后貫坡平居達城

鄭玹 字泰瑩號㮚齋生 哲宗甲寅官秘書承父來彥文忠公夢周后貫延日居慶州

朴尙範 字繼舜號稼隱生 哲宗乙卯官侍講父鎭壽文懿公恒后貫春川居眞寶

辛卯榜

張有相 字道勤號爰石生憲宗辛丑官侍讀父守遠文康公顯光后貫玉山居仁同

鄭在教 字聲給號三素齋生哲宗甲寅官校理父泰容文穆公述后貫清州居星州

鄭漢鎮 字尚魯號菊隱生哲宗丁巳官察訪父潤海貫東萊居密陽

黃樂成 字九顯生哲宗庚申官正言父在九贈工叅躔冑孫燾成七祐后貫昌原居豐基

趙瑩奎 字莘見號敬齋生哲宗辛酉官正字父性義貞節公旅后貫咸安居漆原

鄭顯藏 官侍讀師傅克後后貫延日居慶州

金錫源 字顯八生哲宗乙卯官正字父灝坤文敬公宏弼后貫瑞興居昌寧

李中泰 字聖登號陶雲生壬申官承旨父翊衛晚胤府使彙博孫戶叅同淳曾孫文純公滉后貫眞寶居禮安

孫耆永 字敬規官校理父郡守相駿景節公仲暾后貫月城居慶州

壬辰榜

權玉淵 字敬德生憲宗己亥官校理父正夏忠定公橃后貫安東居安東

梁在八 字武興號晦山生 憲宗戊申官校理父都正致煥文襄公誠之后貫南原居金海

鄭夏默 字誠進生 哲宗庚戌官府使父東奭文莊公經世后貫晉陽居尙州

千光祿 字華善號晩隱生 哲宗辛亥官持平父昌億忠壯公萬里后貫潁陽居善山

權有夏 字大叔生 哲宗壬子父秀赫太師幸后貫安東居安東

李琦浩 字學卿號聽蕉生 哲宗丙辰官秘書承父起行貞愍公鑾后貫眞寶居聞慶

姜景熙 號蘭皐生辛未官秘書承父翕馨吏判淮伯后貫晉州居尙州

癸巳榜

張錫藎 字舜鳴號果齋生 憲宗辛丑官秘書承陞通政父刑判時杓文康公顯光后貫仁同居仁同

車永翰 字淵遠號嶺儂生丁丑官秘書郎父主事象鎭進士一龍孫叅判天輅后貫延安居尙州

甲午榜

金鴻洛 字羽卿號悟軒生 哲宗癸亥官承旨父鎭嶷文忠公誠一后貫義城居安東

李錫瑨 字晉玉號菊軒生庚午官正字父生員奎魯持平觀吾玄孫貫蔚山居蔚山

嶠南科榜錄龍榜卷之三終

嶠南科榜録　虎榜

卷之一

嶠南科榜錄虎榜卷之一

太祖二年癸酉式年榜

丙子式年榜

定宗元年己卯式年榜

太宗元年辛巳增廣榜

壬午式年榜

乙酉式年榜

丁亥重試榜

戊子式年榜

崔潤德 字汝和號浩然官左相登壇諡貞烈旋忠閣配　世宗廟庭享淸川院父兵判雲海貫通川居昌原

辛卯式年榜

金仲敦 官兵使貞肅公仁鏡后貫慶州居永川

甲午式年榜

南義良 生己巳官副尉父戶議敏生英毅公敏后貫英陽居安東

崔尙柔 官府使父司成汭貫月城居慶州

同年謁聖榜

丙申親試榜

丁酉式年榜

崔福東 官縣令貫月城居慶州

世宗元年己亥增廣榜

庚子式年榜

癸卯式年榜

丙午式年榜

丁未式年榜

李好誠　生太祖丁丑官兵判謚靖武父　贈兵判寧善廣平君　能后貫星山居昌寧

南佑良　字天與號依依軒生　太祖甲戌官工議父衆判敏生判　書暉珠孫貫英陽居安東

己酉式年榜

洪達孫　字可則官左相南陽府院君錄靖難功謚安武父府院君　治監司　彝會孫文正公彥博后貫南陽居高靈

李友　官兵使父正言汝良星山伯后能一后貫星山居星州

高若淮　官水使錄原從功父直提學士原良敬公令臣后貫開城　居尙州

壬子式年榜

甲寅謁聖榜

吳處仁　字宅汝官縣監　贈承旨父執義宗信貫海州居安東

乙卯式年榜

南蓀　號愼庵生　太宗乙未官節度使父監察　湏英毅公　敏后貫英陽居英陽

丙辰親試榜

李壽會　官訓錬叅軍　贈吏判父吏叅崇禮貫驪州居慶州

戊午式年榜

己未親試榜

林自蕃　官刑判錄靖難功襄陽君謚襄平父　贈刑判繼仲文烈
公光庇后貫醴泉居醴泉

辛酉式年榜

朴蘇　字春甫生太宗庚寅官宣傳父生員國儉密城君陟后
貫密城居密陽

全承德　官兵使父修撰夏民完山君　潗后貫全州居草溪

壬戌親試榜

甲子式年榜

朴壽山　官部將父縣監珍判事林貴孫府院君雨生會孫上將
軍仁傑后貫高靈居高靈

俞益明　官兵使直提學　陟后貫昌原居星州

丁卯式年榜

車云革 字弘器號雙清堂生 太祖癸酉官禦侮 贈兵判錄敵愾原從功延川君圖形麟閣謚剛烈享鉛溪院父左贊成堅質文穆公蒲溫曾孫延安君孝全后貫延安居漆谷

同年親試榜

金有瓚 官府使錄敵愾原從功父進士可銘貫善山居善山

文宗元年庚午式年榜

魯承柱 字繼之官訓鍊參軍父監正 杰翰林仁復孫孝簡公舒玄孫貫江華居高靈

辛未增廣榜

瑞宗元年癸酉增廣榜

同年式年榜

曺敬武 官訓諫參軍父府使尚明襄平公益清曾孫府院君 隨玄孫貫昌寧居永川

甲戌增廣榜

世祖元年丙子式年榜

張允義 官訓鍊叅軍父忠莊公思儉貫順天居比安

高壽延 官部長陞通政父水使若淮直提學士原孫良敬公令臣
后貫開城居尙州

丁丑別試榜

辛柱 號修慕堂官兵使 贈戶判享桂陽祠父 贈兵叅晋保
判書斯葳后貫靈山居靈山

同年別試榜

戊寅謁聖榜

己卯式年榜

庚辰別試榜

李遇陽 官縣監父府使 禎副正云候孫松安君子脩曾孫進士
碩玄孫貫眞寶居眞寶

金鏵 字子寶生 世宗癸丑官府使父副使彭壽洛城君先致
玄孫貫商山居尙州

同年別試榜

李興陽 官訓鍊叅軍父府使 禎副正云候孫松安君子脩曾孫
進士 碩玄孫貫眞寶居安東

高碩仝 官萬戶父汝謹郡守繼跡曾孫直提學得宗后貫濟州居善山

同年平壤別試榜

辛巳別試榜

張日新 官僉使父叅軍允義忠莊公思儉孫貫順天居比安

壬午式年榜

琴徽 字子猷號文谷生世宗乙卯官司諫署令享文溪院父縣監淮英烈公儀后貫鳳城居奉化

同年謁聖榜

甲申溫陽別試榜

乙酉式年榜

朴承琠 父都事瑞部將壽山孫上將軍仁傑后貫高靈居高靈

同年別試榜

丙戌高城別試榜

同年謁聖榜

同年拔英試榜

朴好問 字裕父官戶判贈左贊成諡貞武父工叅信生貫密陽
居善山

同年登俊試榜

戊子溫陽別試榜

同年重試榜

同年式年榜

睿宗元年己丑增廣榜

成宗元年庚寅別試榜

辛卯別試榜

壬辰式年榜

李允儉 字子文生文宗辛未官工議錄淸白吏父贈兵叅順
生江陽君開居貫陝川居草溪

甲午式年榜

李涵 官僉使父生員世胤曻山伯能一后貫星山居高靈

孔季孫 官縣令父典籍輔碩孝節公宗周孫平章事僊后貫曲阜居靈山

乙未謁聖榜

朴英 字子實號松堂官大司憲 贈吏判謚文穆戶判好問曾孫貫密陽居善山

丙申別試榜

丁酉式年榜

李曄 字孟光生 世宗壬戌官部將父興門府尹瑊后貫京山居星州

南恒年 字久翁生 世祖庚辰官校尉錄原從勳父進士致晶判書暉珠后貫英陽居安東

同年謁聖榜

戊戌別試榜

己亥別試榜

同年重試榜

庚子謁聖榜

同年式年榜

蔣處勇 字而義號義齋官兵使父司直　延文翊公成發玄孫貫牙山君義城

李仲老 父榮林叅判　碩孫左贊成種仁玄孫文忠公齊賢后貫月城居慶州

辛丑別試榜

壬寅別試榜

張日就 官府使父叅軍允義忠莊公思儉孫貫順天居比安

同年進賢試榜

癸卯式年榜

劉貴孫 字有慶官副護軍　贈兵判父署令　恒縣監　覃孫居隴君堅規后貫居昌居居昌

乙巳別試榜

丙午式年榜

南義元 字可宜生文宗壬申官郡守錄靖國原從功父佐郎致恭工議佑良孫貫英陽居安東

同年重試榜

丁未別試榜

戊申別試榜

己酉式年榜

庚戌別試榜

辛亥別試榜

朴雲達 字達之生世祖己卯官主簿父進士彬生員元孫孫戶判忱后貫密陽居慶山

壬子式年榜

同年別試榜

甲寅別試榜

燕山乙卯增廣榜

朴坤 字順元號魚變堂生 世祖庚辰官府使父戶議義蕃貫密陽居密陽

丙辰式年榜

丁巳別試榜

戊午式年榜

同年別試榜

辛酉式年榜

李長培 官訓諫院正父 贈賛成承彥文安公堅幹后貫碧珍居昌寧

壬戌謁聖榜

癸亥別試榜

甲子別試榜

同年式年榜

李夢植 官縣監 父僉使涵 生員世胤孫 星山伯能一后 貫星山 居高靈

同年別試榜

丙寅別試榜

中宗元年丙寅別試榜

丁卯增廣榜

同年式年榜

同年重試榜

戊辰謁聖榜

己巳別試榜

庚午式年榜

辛未別試榜

癸酉別試榜

同年式年榜

甲戌別試榜

同年別試榜

乙亥別試榜

丙子式年榜

康顗 官府使 贈戶叅父舍人仲珍信城府院君之淵后貫信川居善山

郭自安 生成宗壬辰官兵使錄原從功父翰林 汾掌令德淵孫貫苞山居大邱

同年別試榜

同年重試榜

丁丑別試榜

己卯式年榜

河溗 官禦侮父副尉漢東文孝公 演后貫晉州居金海

同年賢良試榜

同年別試榜

李仁符 字元之官縣監父　摯左通禮克堅孫觀察禮孫曾孫貫廣州居漆谷

庚辰別試榜

辛巳別試榜

壬午式年榜

辛　馹 官萬戶父教授國鈞判書斯蕆后貫靈山居漆原

同年別試榜

癸未謁聖榜

甲申謁聖榜

李　城 字可完生燕山壬戌官主簿父寺正龜齡司勇仲保孫星山伯能一后貫星州居義城

乙酉式年榜

丙戌別試榜

同年重試榜

戊子別試榜

金洵　字明允號友溪堂生辛未官兵使父衆判尚志貫月城居慶州

蔣孝範　字善源生燕山癸亥官府使父衆奉世璘副司勇　霖后貫牙山居密陽

同年重試榜

辛卯式年榜

鄭昌孫　生丁卯官宣傳父存碩良景公熙啓后貫慶州居金山

壬辰庭試榜

同年別試榜

癸巳別試榜

甲午式年榜

李明新心 字復初生丙寅官縣監錄原從功父持平侢廣平君能后貫星山居昌寧

朴玉衡 字仲齊號三樂齋生成宗己亥官郡守父府使坤戸議義蕃孫貫密陽居密陽

同年謁聖榜

乙未別試榜

同年松都別試榜

同年謁聖榜

丙申別試榜

同年庭試榜

丁酉式年榜

同年別試榜

戊戌謁聖榜

同年別試榜

同年擢英試榜

己亥別試榜

鄭尙中 字而執生庚辰官宣傳父應厚校理鵬玄孫貫海州居善山

同年別試榜

庚子式年榜

申從溥 字沃卿生燕山癸亥官府使從享水晶祠父生員命佑文貞公嘖后貫平山居盈德

辛丑謁聖榜

壬寅庭試榜

癸卯式年榜

金鸞瑞 字季仁號敬慕齋官郡守錄宣武原從功父浩判書得男后貫遂安居盈德

甲辰別試榜

明宗元年丙午增廣榜

同年式年榜

同年重試榜

丁未謁聖榜

戊申別試榜

己酉式年榜

辛亥謁聖榜

金相國 字輔汝生中宗戊寅官寺正父兵佐錫兌貫金海居蔚山

壬子式年榜

李心玉 字子温官權管縣監仁符孫觀察禮孫后貫廣州居漆谷

癸丑別試榜

同年庭試榜

乙卯式年榜

嚴泓　字伯深生　中宗丁亥官郡守參議　誠玄孫貫寧越居玄風

秋水鏡　字清河號洗心堂生　中宗庚寅官輔國　贈府院君諡忠壯享仁興院父文孝公天日文憲公　適后貫秋溪居大邱

丙辰別試榜

禹鵬　字希卿官縣監父縣監啓江祭酒　倬后貫丹陽居密陽

同年謁聖榜

朴宗誠　字光兆官左部長父侍衛　應辰生員庭芝曾孫生員幼恭后貫密陽居咸安

戊午別試榜

同年式年榜

金世堅　字確夫生　中宗丙戌官部將父監司處利英毅公　忠后貫英陽居新寧

李景蒔　字伯永生　中宗丁丑官訓判父希章判書　英后貫星山居星州

己未庭試榜

朴世賢 字公輔生中宗辛巳官節度使父叅議榮基司直之棠孫判書義龍后貫務安居寧海

庚申別試榜

辛酉式年榜

李仁宅 字宅于號南隱生中宗戊戌官判官父贈叅判祿錫叅軍碩林玄孫文忠公齊賢后貫慶州居慶州

壬戌別試榜

癸亥謁聖榜

朴慶傳 字孝伯號悌友堂官縣監陞嘉善贈兵判錄宣武原從功享龍岡祠父叅判頤忠肅公翊后貫密陽居淸道

甲子式年榜

辛克碩 官奉事父之遜萬戶騏孫判書斯蔵后貫靈山居漆原

同年別試榜

乙丑謁聖榜

丙寅別試榜

同年重試榜

宣祖朝丁卯式年榜

元年戊辰增廣榜

己巳謁聖榜

同年別試榜

庚午式年榜

沈宗明 字公晦生中宗乙未官縣監贈兵議謚忠節父進士
鏵青城伯德符后貫青松居青松

權應錘 字汝平號智山齋生明宗丁未官訓正錄宣武原從功
父叅奉德仁持平㧠玄孫校理偲后貫安東居新寧

壬申春塘臺榜

同年別試榜

癸酉式年榜

金鵬 字克一號海窩生中宗壬寅官主簿錄宣武原從功父
保功漢貞貞肅公仁鏡后貫慶州居慈仁

辛　礎　字支叟號聞岩生　明宗己酉官郡守　贈兵判諡忠壯錄宣武原從功亨都泉院父僉正　琬判書斯蕆后貫靈山居靈山

金善豪　字善汝號望華堂生　中宗丁亥官忠義衛錄宣武原從功　贈兵議父嘉善鳳星禮正繼孫后貫野城居盈德

黃貴成　字致章號晚休堂生　明宗戊申官定略享仁溪祉父通訓熙孫觀察使天繼后貫平海居安東

甲戌別試榜

吳應鼎　字文仲號玩月堂生　明宗戊申官府使　贈兵判享忠烈祠父縣監下蒙文襄公延寵后貫海州居河東

丙子式年榜

李希龍　字應瑞生　明宗壬子官監察　贈戶議享三綱祠父應百府使驪后貫沃溝居慶州

高彥伯　字國弼號海藏官兵判濟興君圖形麟閣錄宣武元勳贈判義禁父　贈贇成擊斗貫濟州

同年別試榜

同年重試榜

丁丑謁聖榜

朴毅長 字士剛號淸愼齋生 明宗乙卯官兵使錄宣武原從功
贈戶判諡武毅享九峯院父縣監世廉司直之蒙曾孫
判書義龍后貫務安居寧海

同年別試榜

己卯式年榜

金應男 字叔夫生 明宗丙辰官宣傳父仁輔 與翰 璵曾孫
大憲升卿玄孫齊肅公 絪后貫慶州居盈德

辛礴 字直叟官判官父牧使希壽判書斯蕆后貫靈山居靈山

朴慶新 字仲宣號三友堂生 中宗己亥官府使錄宣武原從功
贈兵判享龍岡祠父參判 纘忠肅公 翊后貫密陽
居淸道

尹士輝 字光遠生 中宗丙寅父湯弼郡守 枓后貫坡平居盈
德

庚辰謁聖榜

同年別試榜

安應天 字達端生 明宗丙午官萬戶父將仕郎世佑文成公
裕后貫順興居長鬐

壬午式年榜

金順玉　字士潤官水使錄宣武原從功　贈兵判父鼎禹副提學
新民后貫慶州居盈德

權詮　官萬戶　贈承旨父桼奉安世吏判　鵧后貫安東居安
東

癸未謁聖榜

同年別試榜

朱夢龍　字雲中號龍岩生　明宗癸亥官左水使陞刑判謚武烈
享平川院文公　熹后貫新安居晋州

權希舜　字景華號雲庵官判官父上護軍武成直長士衡孫敎授
軾玄孫貫安東居義城

金應春　字信汝號敬庵生　明宗丁未官訓諫院正錄宣武原從
功父漢萬戶世績后貫慶州居慶州

朴彥福　字而謙號鶴山生　明宗庚戌官訓僉錄宣武原從功贈
兵判享盤谷祠父奉事思魯桼贊守良孫貫密陽居蔚山

河　漉　字淸源號晩軒生　明宗己未官判官父宣畧希壽文孝
公演后貫晋陽居陜川

李芳隣　字德華號東湖生　明宗丁未官府使父通政世禮忠元
公陽吉后貫淸安居慶州

甲申春塘臺榜

同年別試榜

殿試　試官兵判李俊民知中樞姜暹承旨任
國老尚衣院正南宮芷寺正林　樞司成李準

權應銖

字仲平號白雲齋生　明宗丙午官工判花山君　贈左
贊成圖形麟閣錄宣武元勳諡忠毅享龜川院父叅奉贈
羅綾君德臣持平　𠛬玄孫校理　偲后貫安東居新寧

乙酉式年榜

辛　荃

字馨遠號西岩生戊辰官府使父判官光胤鷲山君克禮
后貫靈山居彥陽

李成男

號松岩官主簿父主簿雲英校理允亨曾孫府使守綱后
貫龍仁居永川

同年別試榜

丙戌謁聖榜

鄭起龍

字景雲生　明宗壬戌官統制使錄宣武原從功父　贈
左贊成　浩郡守可顧后貫晋陽居尚州

同年別試榜

權應銓

字子平號桐湖生　明宗戊申官僉使錄宣武原從功父
叅奉　贈綾羅君德臣持平　𠛬玄孫貫安東居新寧

戊子式年榜

崔奉天 字國輔號雲庵生　明宗甲子官虞候錄宣武原從功
贈兵叅父　贈右尹　三宅司成　洒后貫月城居慶州

許申生 號大樹堂官護軍父叅奉　詩進士元吉孫忠穆公有全
后貫金海居善山

李宜治 官奉事父教授應期　贈大憲彥遠后貫驪州居慶州

甘景仁 字汝一號觀術亭生己巳官僉使陞嘉善錄原從功亭三
烈祠父　贈嘉善禮從檜山君　漂后貫檜山居昌原

朴而華 字汝郁號樂春齋生　明宗甲寅官僉正錄宣武原從功
父持平光玉忠靖公世均后貫密陽居慶州

同年謁聖榜

己丑增廣榜

崔夢日 字河睡號後松生　中宗己丑官縣監父叅議　碩進士
彥世孫節度使　洄曾孫生員光裕玄孫貫月城居軍威

趙垣 字克平號韜岩生　明宗壬子官助防將錄宣武原從功
贈兵叅父副司直庭彥貞節公　旅玄孫貫咸安居咸
安

庚寅增廣榜

朴仁立 字士行生　明宗甲子官訓諫院正錄宣武原從功　贈
兵判享盤谷祠父　贈兵判彥福貫密陽居蔚山

安得潔 字賢寶生 明宗甲子官僉使父萬戶應天文成公裕
后貫順興居長鬐

同年別試榜

辛卯式年榜

崔大胤 字士仁號松齋生 明宗甲寅官縣監錄宣武原從功父
希德匡靖公鄲后貫慶州居漆谷

崔明鏡 字明淑號淸江生 明宗甲寅官訓判錄宣武原從功父
主簿演叅奉公衡孫燃山君漢后貫永川居大邱

金得禮 字叅則號楊窩生 明宗壬戌官訓判錄宣武原從功
贈兵判享活川祠父司僕相國貫金海居蔚山

李福重 號靜軒生 中宗丁酉錄宣武原從功 贈戶佐父粹典
文忠公齊賢后貫月城居慶州

甘景倫 字汝五號晴岡生壬申官縣監錄宣武原從功享三烈祠
父 贈嘉善禮從檜山君漂后貫檜山居金海

李禹年 字佐文生戊辰官部將父副司果鶴孫星山伯能一后貫
星山居星州

朴弘長 字士任生 明宗戊午官牧使享九峯院父縣監世廉判
書義龍后貫務安居寧海

同年別試榜

卞延壽 字五元生 明宗戊午官主簿錄宣武原從功 贈兵判
享誠久祠父 竹文烈公庭實后貫草溪居晋州

具連佑 字聖維號梧隱生 明宗己未官部將陞資憲父澈林文節公 鴻后貫綾城居漆谷

壬辰義州別試榜

蘇論東 字士元號慕齋生己巳官守門將陞通政父老世判書乙卿后貫晋州居漆谷

辛砰 官縣監 贈兵判享桂陽祠父判官希壽判書斯蕆后貫靈山居靈山

許䄆 字仲綏號志庵生丙子官虞候錄宣武原從功父 贈刑議千壽貞節公 麒后貫金海居固城

李希福 字而聖號八峯生 明宗壬戌官宣傳父翊贇應伯文忠公齊賢后貫慶州居永川

李景湖 字德容官府使陞嘉善錄宣武原從功父 洪文忠公齊賢后貫慶州居慶州

癸巳全州別試榜 一千九百八十五人

朴哲男 字賢卿號雲厓生甲戌官內乘錄宣武原從功享龍岡祠父府使慶新忠肅公 翊后貫密陽居淸道

甲午庭試榜 一百七十四人

同年庭試榜 一百九十二人

李安性 字士逸生戊寅官奉事父直長 熠判書 良后貫月城居慶州

朴認 字汝謹生 中宗丙寅官郡守父左副將宗誠侍衛應辰孫叅奉瑗曾孫進士庭芝玄孫貫密陽居咸安

黃希安 字士重號[illegible]草堂生丙子官北兵使錄宣武原從功 贈兵叅父天敏校理玎孫貫平海居慶州

金振古 號晩隱官僉使父天祥贊成事成丹后貫義城居義城

嚴尙中 字而泰生 明宗丁卯官郡守父叅議汝愉貫寧越居玄風

金光福 字景元號竹圃生 明宗戊申官訓正父兵使洵貫月城居慶州

李翰南 字汝逸號難隱官副護軍錄宣武原從功父 贈戶議大培忠肅公藝后貫鶴城居蔚山

同年別試榜 一百七十八人

趙亭道 字大而號東溪生 明宗丁卯官郡守陞嘉善父萬戶瑀貞節公旅后貫咸安居青松

吳廷彥 字敬祉生 明宗辛酉官縣監父大興按廉使邦佑后貫海州居長鬐

李東吉 官奉事父僉樞得春叅奉彥涵孫獻納士澄后貫星山居高靈

崔繼宗 官僉使父監察擎天貫月城居慶州

李胤緖 字善承號三友堂生甲戌錄振武原從功 贈右贊成諡壯毅享玉溪祠父 贈贊成天受修撰希曾曾孫貫陝川

居草溪

乙未海州別試榜　五百七十九人

同年別試榜　二百二人

朴希宣　字孟克生丁丑官兵使父　贈兵議思喆貫密陽居尙州

金殷福　字盛哉生　明宗庚申官兵佐節孝公克一后貫金海居慶州

丙申庭試榜

權世仁　字景初官判官父別座　運忠憲公仲達后貫安東居丹城

李　檍　字子敬號松塢官同樞錄宣武原從功父通政世弼貫永川居河東

黃處中　字安正號湜窩生戊辰官同樞父通政元兆襄武公希碩后貫平海居青松

徐景涵　字子泳官奉事陞護軍父　贈叅判　逸進士叔元玄孫達城君　頵后貫達城居永川

丁酉別試榜　四百七十八人

李薀秀　字汝實號稼隱生　明宗戊午官訓正錄宣武原從功享鷗川祠父植貫夔州居新寧

崔震立 字士建號潛窩生戊辰官叅判 贈兵判謚貞武享龍山院父 贈叅判臣輔司成 泂后貫月城居慶州

洪匡立 字仲瞻官判官父司果 塤縣監雨良孫文正公彥博后貫南陽居高靈

吳惟一 字士精生庚午官司直 贈吏叅父主簿 尹執義宗信玄孫貫海州居義城

同年庭試榜

慕華舘 親臨試取

同年謁聖榜

一百七十三人

己亥庭試榜

二百六人

朴仁老 字德翁號蘆溪生 明宗辛酉官萬戶父副尉 碩教授允淸孫貫密陽居永川

洪錫疇 字禹汝號檗皐生辛未官主簿錄宣武原從功父判官匡立文正公彥博后貫南陽居高靈

李東賓 官僉正父熙春叅奉彥涵孫獻納士澄后貫星山居高靈

盧起宗 字伯承號止軒生 明宗庚申官判官父進士 遂司直琢曾孫侍中仁正后貫光州居永川

南慄 字子寬生辛未官判官父內禁衛貞國縣令 貞后貫英陽居寧海

權胤 字繼甫號閒叟錄宣武原從功 贈叅判父訓正應鍾叅奉德仁孫持平挕后貫安東居新寧

庚子別試榜 一百九十六人

朴弘貞 字再淑號義窩官判決事錄宣武原從功父判決事忠俊縣監熙秀孫忠肅公翊后貫密陽居昌原

金浚 官府使父 贈戶議季卿府院君大猷后貫淸風居星州

辛丑式年榜

金自隱 字敬邇號德庵生 明宗丁卯官主簿 贈兵判享德山祠父牧使鼎三貞肅公仁鏡后貫月城居慶州

朴惟任 字察訪父晟郡守尚賢孫恭簡公褆后貫密陽居淸河

李奎文 字士彬號砥柱軒官水使錄宣武原從功 贈兵參溫惠公師孟后貫德山居星州

崔仁寬 官宣傳錄宣武原從功父聖謹和淑公玄祐后貫慶州居河東

景惟謙 字精中號龍山官司果錄靖社原從功父奉事 容進士承明后貫泰仁居順興

李仁常 字春信號愼庵官左部將錄宣武原從功 贈戶正父司果連重僉樞鴻會孫貫鶴城居蔚山

壬寅謁聖榜

同年別試榜

癸卯庭試榜

初取一萬七千人更設會試鐵箭一中騎騶二中鳥銃一中取二枝講武經一書取一千六百餘人
命官右相傳敎官承旨李效元叅試官兵叅趙挺叅考官訓正孫景祉

鄭守藩 字貞甫生庚辰官內禁將父剛義公世雅叅奉允良孫司成從韶后貫迎日居永川

金鍊成 字汝器官營將贈嘉善父主簿忠孫掌令漢哲后貫義城居安東

朴智男 字大兼號溪厓生壬申官僉正陞嘉善錄宣武原從功享龍岡祠父府使慶新忠肅公翊后貫密城居清道

金聲律 字而諧生明宗丙寅官判事父正郎夢齡文忠公宗直祀孫貫善山居高靈

辛商賚 字季膺生辛巳官府使錄靖社原從功父叅判㮚贈承旨德龍孫文貞公唐係后貫寧越居慶州

嚴尚義 字守父生庚午父奉事風一貫寧越居玄風

同年式年榜

黃膺中 字希顏號湛齋生戊寅官兵議父通政元兆襄武公希碩后貫平海居青松

朴瑜 字伯獻生丙子官縣令父武毅公毅長判書義龍后貫務安居寧海

乙巳增廣榜

同年庭試榜

鄭應福 字大哉號竹塢生明宗庚申官水使父佐郎光周叅奉希祥孫靖節公矩后貫東萊居軍威

同年別試榜

丙午式年榜

俞世曾 字行遠生壬午官郡守贈兵叅父景安公玄孫貫杞溪居晋州

余春 宗秀久號竹軒生明宗甲寅官兵議父叅奉忠禎戶判仲富后貫宜寧居尙州

朴震英 字實哉號匡西生己巳官防禦使謚武肅享道溪院父贈兵判吁進士景玄后貫密陽居陝川

李善文 字仲潤官通政文·貞公大叅后貫永川居永川

黃守中 字淑正號湜堂生癸酉官通政父通政元兆襄武公希碩后貫平海居青松

林德溫 字良伯生辛巳官副司果父世萬襄平公自蕃曾孫文烈公光庇后貫醴泉居醴泉

韓夢鸞 字祥膺生癸未官生簿父億夫叅議敬孝孫文靖公繼禧后貫清州居慶州

光海戊申別試榜

甘 葂 字華國生 宣祖戊子官主簿父僉使景仁檜山君漂后貫檜山居昌原

同年重試榜

己酉增廣榜

李 鳩 官訓正父 遜大學釋之后貫永川居梁山

庚戌式年榜

李齊管 父主簿民弘監司光俊孫貫永川居義城

柳昌茂 官副正父青春府院君益貞后貫文化居密陽

黃彌守 字良叟生 宣祖己丑官副尉父定峯貴成觀察天繼后貫平海居安東

千耘疇 官訓僉父掌令 禧花山君萬里后貫穎陽居安東

崔 琬 字子獻號聽松生 宣祖戊寅官判官父訓判明鏡叅奉公衡曾孫燃山君漢后貫永川居大邱

同年謁聖榜 二十七人

同年別試榜 五十四人

辛亥別試榜 二百十六人

壬子式年榜

裵弘祿 字膺甫生 宣祖丙戌官府使父叅知大維益城君元龍
后貫盆城居靈山

李擇 官五衛將父 贈左尹光沖生員胤黃孫松安君子脩后
貫眞寶居安東

趙亨遠 字景會生 宣祖乙酉官郡守陞嘉善父寺正 靖刑佐
夏后貫豊壤居尙州

安忠漢 官萬戶父副正 玑侍直叔良后貫廣州居密陽

同年增廣榜

癸丑謁聖榜 二十八人

同年增廣榜 三十九人

李振 官部將錄振武原從功 贈兵議父 贈左尹光沖生員
胤黃孫松安君子脩后貫眞寶居安東

甲寅全州別試榜 三十六人

乙卯式年榜

池汝海 字受之生宣祖辛卯官兵叅享儉岩院父宣傳景溫僉樞芸孫忠簡公好文后貫忠州居慶州

洪仁傑 字士濠生宣祖辛巳官府使父護軍應祥文匡公貴達后貫缶林居醴泉

黃禧禹 字國瑞官正郎父永宗贊成希碩后貫平海居慶州

同年謁聖榜三十三人

丙辰增廣榜三十七人

李景瑜 字俞玉生宣祖丙申官察訪陞通政父兵叅大任知縣貴春后貫昌寧居長鬐

辛希伯 官判官父贈叅議 萱判官光胤孫鷲山君克禮后貫靈山居彥陽

同年謁聖榜三十四人

同年別試榜

同年重試榜

丁巳謁聖榜十二人

高得海 字文吉號雲厓生宣祖甲午官主簿父僉正德淵兵判彥伯孫貫濟州居慶州

戊午庭試榜 二千二百餘人

曺德裕 字仁善生 宣祖壬寅官僉樞父司直禎縣監義碩孫莊湖公潤孫曾孫貫昌寧居昌原

朴光得 字偉彬生 宣祖庚辰官訓判父武科蕃進士謹遜孫戶判忱后貫密陽居慶山

曺挺芳 官司果父承旨友仁少監松君后貫昌寧居尙州

鄭櫟 官萬戶 贈掌樂院正父文莊公經世貫晉陽居尙州

同年增廣榜

己未水原松都別試榜

同年謁聖榜 五十九人

同年庭試榜 一百人

金弘義 字義伯官防禦使父營將鍊成掌令漢哲后貫義城居安東

庚申庭試榜 三千餘人

許得良 字國弼號尙武軒生 宣祖丁酉官副摠管錄振武勳 贈兵判享龍岡祠父僉樞龍老忠穆公有全后貫金海居

大邱

金爗 字明甫號松菴生 宣祖丙戌 贈訓僉享正谷祠父僉使振古贇成事成丹后貫義城居義城

金煜 號栢菴 贈主簿享正谷祠父僉使振古貫義城居義城

金燦 號竹菴 贈主簿享正谷祠父僉使振古貫義城居義城

南恕 字汝及生 宣祖庚寅官縣令錄奮武原從功父太華叅判敏生后貫英陽居安東

黃克一 字復元號近庵生 宣祖庚子官司果錄振武原從功父叅奉元奇襄武公希碩后貫平海居青松

南機 字德哉生 宣祖癸酉官校尉父叅奉靖邦護軍世夏曾孫縣令漬后貫英陽居寧海

朴俊凱 字舜明生 宣祖戊子官奉事 贈叅議父 贈叅判德純直長元典曾孫貫密陽居草溪

辛酉庭試榜

四千三十一人 朝廷急於西𨖏以前年萬科初試入格而屈於 殿試者除喪及在外未及上來者外沒數取之

印滌 生 宣祖辛巳官奉事 贈主簿父監役汝元翰林[illegible]后貫蕃桐居咸昌

郭建國 字子保官奉事父宗慶郡守 遺孫淸白吏安邦后貫苞山居玄風

許復良 字國輔號洛庵 生宣祖壬寅官訓正 贈兵叅享龍岡祠父佐郎雲老忠穆公有全后貫金海居大邱

朴玏 字叔獻號琴書軒生 宣祖甲午官經歷 贈兵議父軍資正進長判書義龍后貫務安居寧海

李謇 字紹聞生 宣祖庚子官僉樞父 贈戶佐福重文忠公齊賢后貫月城居慶州

同年謁聖榜

同年別試榜

仁祖元年癸亥謁聖榜

同年庭試榜

鄭道三 字德元官宣傳父進士橒判官 澤后貫晋陽居尙州

白師龍 字而見生 宣祖甲午官司果父副正應祥文益公天藏后貫水原居䆁州

同年式別合試榜

甲子公州庭試榜

同年別試榜

同年增廣榜

同年式年榜

金震亨 字起伯生 宣祖辛卯官主簿父大護軍敬先文敬公壽童后貫安東居永川

崔藎楠 字英仲號秋峯生 宣祖乙未官副摠管父通政雲翼贈兵判福東后貫月城居慶州

朴守一 字執中生 宣祖庚子官別提父郡守 認侍衛應辰曾孫進士庭芝后貫密陽居咸安

乙丑別試榜

金應守 字光極號開岩生 宣祖丁丑錄振武原從功 贈資憲父榮豪忠毅公文起后貫金寧居大邱

金大聲 字達卿生 宣祖丙申官副司果父院正應春萬戶世績后貫月城居慶州

秋仁道 字道一生 宣祖壬午官宣傳父舍人 盧府院君水鏡后貫秋溪居慶州

申魏望 字望之生 宣祖戊戌官宣畧將軍父判官 澈文貞公贈后貫平山居盈德

丙寅別試榜

同年庭試榜

金論鶴 字象鳴生　宣祖甲戌官奉事父永世忠毅公文起后貫金寧居金山

丁卯全州庭試榜

同年江華庭試榜

同年庭試榜

同年式年榜

南海宇 字大哉生　宣祖壬寅官郡守父參奉樞工議佑良后貫英陽居義城

劉浩 字汝大號休堂生　宣祖丁未官中樞父直長琡護軍貴孫孫居淹君堅規后貫居昌居居昌

盧赫 生　宣祖己亥官守門將父判官起宗進士　遂孫司諫善卿后貫光州居永川

金弘慶 官判官父參奉崇才府使　浚曾孫府君院大猷后貫淸風居星州

裵富亨 字君八官護軍父永已大諫　規后貫星山居星州

戊辰別試榜

同年別試榜

同年謁聖榜

己巳別試榜

同年庭試榜

甘碩礎 字杜輔 生 宣祖癸酉 官宣傳 父主簿 葂 僉使景仁孫 檜山君 漂后 貫檜山 居昌原

林宇榮 字善封 生 宣祖乙巳 父司果德溫 襄平公 自蓄玄孫 文烈公光庇后 貫醴泉 居青松

庚午式年榜

裵致身 字仲修 生 宣祖癸巳 官判官 父生員 儘 貞節公克廉后 貫星山 居星州

同年別試榜

安敬信 官奉事 父鶴龍 叅奉 世俊 曾孫 察訪遇坤 玄孫 叅判從信后 貫順興 居新寧

辛未別試榜

壬申謁聖榜

癸酉增廣榜

同年式年榜

殿試　命官判敦寧金尚容叅試官左叅賛韓汝溭司勇朴由憲司直李楫叅考官尚衣院正朴選訓正金俊允兵佐朴日省承旨趙邦直

二十九人

甲戌別試榜

白永建 進士興元孫進士　鸞曾孫大學仁寛后貫水原居玄風

乙亥謁聖榜

吳守已 字治然號錦川生　宣祖乙未官左水使錄寧國原從功父副司正惟一主簿　尹孫貫海州居義城

鄭謨 字和叔生光海庚戌官南兵使　贈兵叅父　贈兵判思中應教　鵬后貫海州居善山

同年增廣榜

朴敬祉 字亨甫官統相文穆公　英玄孫貞武公好問后貫密陽居善山

丙子別試榜

洪翼聖 字德章生　宣祖甲辰官判官父生員　祉判中樞彥修后貫南陽居星州

金是聲 字聞遠號錦浦生　宣祖壬寅官統相享南湖院父四行貫清道居河陽

同年重試榜

丁丑庭試榜

同年別試榜

戊寅庭試榜

己卯謁聖榜

同年別試榜

同年式年榜

辛巳庭試榜

李廷枝 字子茂生光海庚申官副司果父忠僖公民奐監司光俊后貫永川居義城

鄭護 字善叔生光海己未官府使　贈揔官父　贈直提學尙中應敎　鵬后貫海州居善山

壬午式年榜

權山昌 字太甫生光海甲寅官司果父副護軍　建訓正應平孫綾羅君德臣曾孫持平　挒后貫安東居新寧

同年庭試榜

金宗壽 字致遠生光海丙辰官中樞父訓正光福兵使　洵孫貫月城居慶州

癸未平安道別試榜

甲申庭試榜

同年別試榜

乙酉別試榜

丙戌式年榜

李廷梧 生光海壬戌官副司果父忠簡公民奐監司光俊孫貫永川居義城

尹聖擧 字汝徵生光海壬子官府使父　煥大司成　倬后貫坡平居漆谷

李　福 字泰建號松澗官守門將錄振武原從功父都摠管　㰒完豐君元桂后貫完山居慶州

同年重試榜

同年庭試榜

戊子庭試榜

同年式年榜

張是奎 字汝祥官統相陞賫憲享景德祠父 翊察訪文瑞玄孫 貫順天居比安

己丑別試榜

同年庭試榜

秋英實 字英玉生甲子官府使父戶判元甫府院君水鏡后貫秋 溪居慶州

孝宗元年庚寅增廣榜

辛卯庭試榜

李在定 字士安生光海辛酉官縣監父別提德圭洗馬 塡孫貫 興陽居尚州

李在中 字時甫生光海壬戌官府使父生員身圭洗馬 塡孫貫 興陽居尚州

韓彥浩 字而溢官奉事父主簿夢鸞文靖公繼禧后貫清州居慶 州

南勇賚 字天錫生 仁祖癸亥官縣監父海準工議佑良后貫英 陽居義城

同年庭試榜

金鑁 字升精生仁祖戊辰官僉使父中樞亮後叅贊龜后
貫金海居昌原

金鳳連 字周祥號再峯生光海丙辰官司果 贈工叅父應齡兵
使用超后貫義城居星州

同年式年榜

李利薰 生光海辛亥官察訪父訓導厚根文忠公齊賢后貫月城
居慶州

宋相弼 字而輔生仁祖丁卯官縣監父評事行吉左贊成言愼
曾孫貫礪山居尚州

李惟達 字顯伯生仁祖己巳官萬戶父心海進士德符曾孫觀
察使禮孫后貫廣州居漆谷

同年別試榜

洪受九 字聖司生仁祖甲子官節制使父掌樂院正汝鎭習讀
大源曾孫舍人魯后貫缶林居義興

壬辰增廣榜

癸巳謁聖榜

同年別試榜

鄭以昌 字熾之生光海庚申官忠義衛父國縣監彪后貫東
萊居金海

甲午式年榜

李延禎 字君遠生 仁祖己巳官兵使父 贈戶叅道益觀察使
禮孫后貫廣州居漆谷

乙未春塘臺榜

丙申別試榜

辛希遠 字子叔號秋岡生 仁祖丙寅官虞候 贈副摠管父判
官蓁鷲山君克禮后貫靈山居彥陽

郭聖衢 字通萬生 仁祖丙寅官縣監父汝杜淸白吏安邦后貫
苞山居玄風

丁酉式年榜

李寔薰 官秉節校尉父主簿成男校理允亨玄孫府使守綱后貫
龍仁居永川

權遇中 官司果父守衡奉事 蓂曾孫僉使應銓玄孫持平 捌
后貫安東居新寧

李齊陛 贈判書父主簿民宖監司光俊孫貫永川居義城

朴見鳳 字謹中生 仁祖戊辰官僉正府使安國曾孫貫密陽居
新寧

顯宗元年庚子式年榜

裴邁 字汝晦號松潭生仁祖甲子官僉正父府使順彛司馬緝玄孫貫達城居漆谷

鄭有輝 字華至生仁祖壬申官司直文貞公思道后貫延日居延日

徐昇泰 字會伯生仁祖丙寅官府使父知樞 懋掌樂院正思建孫貞平公 勻衡后貫達城居大邱

同年增廣榜 三十人

壬寅增廣榜 五十六人

同年庭試榜 四十三人

李翊曾 官主簿父惟纘獻納士澄后貫星山居高靈

韓廸雲 字潤贍官宣傳父奉事彥浩主簿夢鸞孫文靖公繼禧后貫淸州居靑松

癸卯式年榜 四十四人

李時孫 字德允官監正父訓正蘊秀貫慶州居新寧

甲辰春塘臺榜 二十八人

同年咸鏡道別試榜 五百人

乙巳庭試榜 四百二十六人

申東顯 字晦叔號梅竹堂生 仁祖辛巳 贈訓判齊靖公孝昌后貫平山居密陽

沈若汶 字在叔生 仁祖戊寅官宣傳父郡守 稷安孝公温后貫青松居善山

同年溫陽庭試榜 二百八十人

同年別試榜 三十八人

丙午式年榜 六十一人

金時達 字喜淑生 仁祖己卯官司果父大昇府使 注玄孫贈贊成 壁后貫安東居尚州

李杜漢 字擎伯生 仁祖壬午官司果父縣監碩老軍資正時馥孫清安君陽吉后貫清安居蔚山

同年溫陽庭試榜 一百十四人

同年重試榜

戊申別試榜 八十六人

高甲龍 字雲集生 仁祖庚辰父相燮貫濟州居慶州

同年庭試榜 幷文科罷榜

己酉平安道別試榜 三百九十八人

同年式年榜 四十八人

同年庭試榜 一百四十一人

鄭之郁 字文伯 生 仁祖癸未官司果 父廣業府院君 賜后 貫東萊

庚戌別試榜 三百六十五人

金自堅 字幼甫 生 仁祖庚辰 父 鍊中樞 亮後孫 忝贊 龜后 貫金海 居昌原

金厚益 字仲惕 號春潭 生 仁祖甲申 官司果 贈左尹 父軍資正 興甲 進士俊明孫 侍中 椿后 貫義城 居永川

辛亥庭試榜 一百七十四人

壬子別試榜 五百五十人

張宇相 字輔卿 號枕流亭 生 仁祖壬午 官兵使 父 贈戶忝衆 忝奉慶遇孫 忠貞公安世后 貫玉山 居仁同

全益愼 字綏敬 生 仁祖甲戌 官奉事 父時彥 平簡公賁后 貫旌善 居安義

曺士達 字君郁生仁祖己卯官訓判父弘發縣監尚貞后貫昌
寧居河陽

癸丑春塘臺榜 三十八人

同年式年榜 四十一人

蔡錫文 字君郁生孝宗乙未官判官父府使之沆叅贊夢璧孫
貫仁川居咸昌

肅宗元年乙卯式年榜 六十八人

張羽瀛翷 字鳳擧生仁祖甲戌官水使父叅奉衆忠貞公安世
后貫玉山居仁同

李雲琥 字賓汝生仁祖丁卯官訓判父同樞贈漢判重華后
貫星山居星州

李楚琥 字賓善生仁祖乙亥官內禁衛父同樞贈漢判重華
后貫星山居星州

李永琥 字賓德生仁祖壬午官奉事父同樞贈漢判重華后
貫星山居星州

文興範 字進規號澗隱生光海壬戌官宣傳父武科元敬江城君
谥漸后貫南平居新寧

同年增廣榜 七十五人

丙辰庭試榜

李晋琥 字賓賢號警庵生 仁祖乙酉官禁營將父同樞興漢 判重華后貫星山居星州

高尙益 字君受生 仁祖壬申官副尉父進士太虛進士應擎曾孫直提學得宗后貫濟州居善山

李興發 官部長父校尉寔薰主簿成男孫府使綱后貫龍仁居永川

金光澤 字春秉生 仁祖丁亥官訓判父參奉成俊工正達漢玄孫貫慶州居長鬐

張世益 字益哉號逸齋生 孝宗壬辰官府使父鴻儀忠貞公安世后貫玉山居仁同

朴廷賓 字國彬號二憂堂生 孝宗庚寅官知樞陞正憲父贈兵判柱漢文肅公中美后貫密陽居梁山

朴文輝 字晦叔生 仁祖辛卯官司果父判官震煋府尹守弘孫貫密陽居善山

李亨福 生 仁祖壬申官奉事父 綸都事天封會孫大憲興門后貫京山居星州

鄭時羽 字修卿生 仁祖庚午官副司果父休好內禁將守藩孫剛義公世雅曾孫司成從韶后貫延日居永川

南九夏 生 仁祖辛巳官司僕父之樞生員夢程孫英毅公 敏后貫英陽居尙州

郭鳳 字元瑞生 仁祖戊子父永南淸白吏安邦后貫苞山居玄風

郭鎭 字元振生 孝宗庚寅官副司果父永南淸白吏安邦后貫苞山居玄風

郭晉 父汝稅忠翼公再祜孫淸白吏安邦后貫苞山居玄風

郭周漢 字長源父鋂生員　嶙孫府使赳玄孫淸白吏安邦后貫苞山居玄風

張漢相 字弼卿官北兵使亨景德祠父節度使是奎察訪文瑞后貫順天居比安

孫之億 字盛甫生　仁祖丙寅官護軍父凝緖僉正　六孫貫密陽居昌寧

郭氣和 字致中號無恨堂生　孝宗辛卯官郡守錄揚武原從功父贈戶叅慶卓　贈左承旨揚馨孫翰林之雲后貫苞山居玄風

李重勳 字集中生　孝宗丙申官僉知父牧使延機承旨民宬孫監司光俊曾孫貫永川居義城

孫之一 字太始生　孝宗庚寅官副護軍父凝緖僉正　六孫貫密陽居昌寧

丁巳謁聖榜十二人

宋麗達 字時興官司直父中樞鳴漢僉正應寶玄孫貫恩津居河陽

戊午增廣榜三百五人

鄭東望 字渭老號愛月堂生　孝宗壬辰官兵使　贈兵叅父副摠管謨應敎　鵬后貫海州居善山

宋焞 字賁叔生仁祖丙戌官郡守父世彬平章事綺后貫治城居星州

同年庭試榜五十六人

己未庭試榜二十三人

申叔籛 字子美生仁祖己丑官副司果父主簿漢傑承旨之悌曾孫貫鵝洲居義城

同年重試榜八人

同年式年榜六十六人

庚申春塘臺榜九人

同年庭試榜一百四十四人

白斗馨 字啓元生孝宗乙未官副司果父司正銅堅文益公天藏后貫水原居星州

李結核 字仁汝生孝宗甲午官判官父贈工議郁發漢判重華后貫星山居星州

同年別試榜二百十四人

朴震垕 字揚仲生仁祖癸亥官判官父府尹守弘文簡公時庸后貫密陽居善山

辛酉謁聖榜八人

同年式年榜二十八人

壬戌春塘臺榜十四人

同年增廣榜八十四人

李爾禎 字君吉生孝宗丁酉官司果父左通禮道漸縣監仁符后貫廣州居漆谷

李時纘 字公胤生孝宗乙未官副護軍贈刑叅父贈刑議廷英忠肅公藝后貫鶴城居星州

金益堅 生仁祖丙戌父正郎錫叅贊龜后貫金海居昌原

宋永基 字汝遠生孝宗壬辰官節制使父熤平章事綺后貫冶城居星州

癸亥增廣榜四十九人

李震英 字盛發號祇齋生孝宗癸巳官訓判父贈通政承南貫星山居星州

陳鵾漢 字圖源號錦南生孝宗辛卯官郡守父大諫碩友都督璘后貫驪陽居高靈

甲子庭試榜二百八人

吳道哲 字貫直生 孝宗戊申官軍資正父參奉敦文水使守己孫執義宗信后貫海州居安東

李時瀾 生 顯宗庚子官副司果父副令 瓊義信君 備孫雲川君 演玄孫貫全州居高靈

同年式年榜四十四人

張命虎 字巨林號剡溪生 孝宗戊戌官僉使父參奉連富參奉貴榮孫忠貞公安世后貫仁同居義興

丙寅別試榜一百十一人

同年咸鏡道別試榜

同年庭試榜八人

丁卯式年榜一百八人

金以堅 字直甫生 仁祖戊子官部將父 鉉中樞亮後孫參贊龜后貫金海居昌原

己巳增廣榜五十五人殿試 規矩 柳葉箭一中 命官右相金德遠參試官判尹吳始復兵參李 鏶知中樞尹天賚參考官寺正權 持經歷張宇遠都事李光漸承旨金海一

鄭世和 字樂卿生 孝宗戊戌官左尹父忠義衛以昌縣監 彪后貫東萊居金海

庚午式年榜 二百三十九人

崔源希 字希望官府使父英瑞文順公渙后貫慶州居金泉

同年庭試榜 十二人

辛未增廣榜

金禹鼎 字治洪生顯宗癸丑官秉節校尉陞嘉善錄振武原從功父通政望聞韶候錫后貫義城居義城

張晟 字天爲生顯宗癸卯官縣監父兵使宇相忠貞公安世后貫玉山居仁同

同年謁聖榜 九人

壬申春塘臺榜 十九人

癸酉式年榜 一百十九人

李昌祉 字善述生孝宗甲午官僉中樞父又新壯毅公胤緒曾孫修撰希曾后貫陝川居草溪

同年謁聖榜 十九人

裵得吉 字有實生仁祖丁丑官宣傳陞嘉善父天憲判官致身孫貞節公克廉后貫星山居星州

甲戌謁聖榜十人

鄭竹省 字佐文生乙卯官判官父碩明中樞　岩孫東平君　穩 后貫東萊居達城

同年別試榜一百十六人

朴震炯 字光振生孝宗乙未官奉事父中樞守益興居后貫密 陽居金山

同年別試榜一百十五人

丙子庭試榜五十三人

同年式年榜四十八人

丁丑庭試榜

金世環 字君圓號西庵生　顯宗戊申官監役父碩賓禮判　寬 后貫慶州居慈仁

同年重試榜十七人

戊寅謁聖榜十四人

己卯庭試榜二百一人

朴泰登 字聖觀生丁卯官宣傳父典籍希顔赤羅君軒后貫咸陽居義興

丁載興 字大而生乙卯官僉使父護軍道和忠靖公應斗后貫羅州居新寧

同年式年榜七十六人

同年增廣榜四十三人

庚辰謁聖榜三十二人

壬午謁聖榜

同年咸鏡道別試榜

同年式年榜八十八人

柳樺德 字子新生 顯宗丁未官同副承旨父振泰從仕郎峴孫主簿方善后貫瑞山居永川

安世德 字信讓生 顯宗辛丑官五衛將父處仁文成公裕后貫順興居河東

同年別試榜九十人

甲申春塘臺榜二十一人

乙酉式年榜一百四十四人

張孝一 字嗣宗生丙辰官虞候父　贈戶叅拱辰進士　潛后貫仁同居仁同

同年謁聖榜

同年增廣榜四十人

丙戌庭試榜一百九十八人

林周鳳 字邦瑞號河雲生甲子官司勇父守青西河　椿后貫醴泉居尚州

丁亥別試榜二百十二人

同年重試榜三十人

戊子式年榜一百十六人

己丑謁聖榜十五人

庚寅增廣榜百三十二人

同年春塘臺榜五十四人

辛卯式年榜 一百人

金宗胤 字善述生戊午官司評父嘉善慶龍判書仁雨后貫光山居靈山

裵舜佑 字聖卿生丁巳官宣傳父縣監璛參知大維后貫盆城居靈山

壬辰庭試榜 二百八十六人

癸巳增廣榜 一百六十八人內直赴一百十二人

李東芳 字實之生顯宗癸丑官僉使父植中進士元祥玄孫觀察使禮孫后貫廣州居漆谷

甲午增廣榜 五十一人聖候平復稱慶一所訓鍊院二所慕華館規矩柳葉箭百二十步五矢一巡試官知中樞姜鋧刑判俞命雄

乙未式年榜 四十二人

丁酉溫陽庭試榜 四百三十九人

同年平安道別試榜 一百五十人

同年咸鏡道別試榜 二百七十六人

同年庭試榜六十五人

同年重試榜十一人

同年式年榜一百九十三人

郭來泰 字大叔生己未官府使父叅奉徽之司成世翼孫請白吏安邦后貫苞山居玄風

崔世華 字雲卿生壬申官監察父命生 贈戶叅慶鎬曾孫觀察灌后貫慶州居盈德

林廷會 字仁會生丁卯官主簿父時赫嘉善重蕃孫忠愍公慶業曾孫吏判命山后貫平澤居寧海

同年重試榜十一人

同年式年榜一百九十三人

戊戌庭試榜二百十三人

己亥別試榜一百三人

朴泰容 字君祥號靖齋生丙寅官縣監錄奮武原從功父知樞廷賓文肅公中美后貫密陽居密陽

申斗七 字元卿生 孝宗己亥官察訪教官承濟后貫平山居密陽

同年增廣榜六十九人

同年謁聖榜八十八人

景宗元年辛丑庭試榜一百四十八人

金宇振 字敬夫生顯宗戊子父叅奉鎰中樞亮後孫叅賛龜后貫金海居昌原

金鑌 字伯溫生肅宗丙辰官主簿父司評宗胤判書仁雨后貫光山居靈山

同年式年榜

嚴以性 字汝善生肅宗壬戌官宣傳父得厦郡守弘后貫寧越居玄風

同年增廣榜八十一人

壬寅庭試榜三百一八

柳纘宗 字善卿生癸酉官縣監父通政先叅奉世春曾孫府院君益貞后貫文化居星州

癸卯增廣榜三百六人

同年別試榜四百七十八人

李光然 字實甫官大護軍父僉使時綱忠肅公　藝后貫鶴城居蔚山

同年庭試榜一百二十二人

同年式年榜一百三十八人

蔡夢良 字殷卿生肅宗癸亥官郡守貫平康居玄風

英宗元年乙巳庭試榜 四百三十二人　試所慕華館　試規柳葉箭五矢一巡二分騎芻五矢一巡二中二枝取一技勿限數　命官兵判趙道彬訓大將張鵬翼參考官兵正李文標宣傳具樹勳承旨洪好人

裵舜八 字聖臣生肅宗癸酉父　壽參知大維后貫盆城居靈山

鄭饋 字擎天生肅宗己卯官水使父營將緯世兵使東望孫應教鵬后貫海州居善山

同年增廣榜三百九人

盧啓禎 字國休號竹月軒生肅宗乙亥官節度使父　贈參判聖賓察訪景佖后貫安康居善山

崔慶老 號慕朽堂官府使陞同樞錄揚武原從功貞武公震立玄孫貫月城居慶州

同年庭試榜三百九人

丙午江華別試榜一百三十人

同年式年榜一百九十八人試所慕華館規矩柳葉箭一巡命官判府事李觀命叅議官兵判金興慶叅考官兵正李光普

同年謁聖榜十人

丁未增廣榜一百二人

徐命熙 字德叟生肅宗辛未孝 贈嘉善父慶華吏判涉后貫達城居固城

郭天柱 字敬道生肅宗辛巳官僉正父節制使氣種濟白吏安邦后貫苞山居蔚山

鄭嵡 字柱天生肅宗壬午官營將父營將世緯兵使東望孫應教鵬后貫海州居善山

同年庭試榜八十一人

同年重試榜三十九人

戊申春塘臺榜三百五人

李得新 字春若生 肅宗丁巳官司果錄揚武原從功父奉事亨
福都事天封玄孫大憲興門后貫京山居星州

白世泰 字君式生 肅宗壬午官判官錄揚武原從功父副司果
斗馨文益公天藏后貫水原居星州

同年平安道別試榜 一百七十人

同年別試榜 六百三十七人

同年庭試榜 百六十五人

金駿文 字邦瑞號松隱生 肅宗丁卯官萬戶陞嘉善父通政再
衡參贊漸后貫淸道居河陽

己酉式年榜

權晩運 字之叔生 景宗甲辰官僉樞父紀龍忠毅公應銖后貫
安東居仁同

庚戌庭試榜 三百六十五人

李惟天 字汝則生 肅宗乙亥官營將父秀㘅忠簡公民奐后貫
永川居義城

郭文瀓 字淸源生 肅宗乙酉父護軍 錄淸白吏安邦后貫苞
山居玄風

辛亥庭試榜 六十八人

同年咸鏡道別試榜 三百人

壬子庭試榜 三百十九人

呂攀 字龍如號望北軒生 肅宗己卯官水使壽陞資憲父正言聖擧持平希臨后貫星山居星州

癸丑謁聖榜 八人

同年庭試榜 百七十人

朴聖望 字希仲生甲寅父道明惠文公元義后貫泰安居尙州

鄭萬儀 字淸一生戊午官宣傳父世弘判官竹省曾孫東平君種后貫東萊居達城

甲寅庭試榜 八十七人

同年春塘臺榜 六十三人

乙卯增廣榜 一百五十一人

趙台鉉 字台汝生 肅宗戊子官主簿 贈戶叅父 贈吏議德基貞節公旅后貫咸安居咸安

同年式年榜 五十五人

同年庭試榜九十七人

丙辰庭試榜三百二十五人

張汝載 字道厚生丙寅官訓判父參奉四維僉使命虎孫忠貞公安世后貫仁同居新寧

同年庭試榜三百八十六人

同年謁聖榜二十五人

丁巳別試榜一百四十五人

同年重試榜三十五人

戊午式年榜一百七十五人

李龍至 字雲瑞生肅宗丙子官縣監父參奉在憲洗馬澳曾孫貫興陽居尙州

辛守一 字貫甫生肅宗庚寅父益蕃別檢汝擢玄孫博士孟卿后貫寧越居慶州

金日甲 生肅宗丙戌錄奮武原從功父中樞永哲文悼公壽寧后貫安東居玄風

己未庭試榜

庚申庭試榜 一百九十三人

同年謁聖榜 二十人

同年松都庭試榜 六十五人 一所訓錬院二所慕華舘 覆試

同年增廣榜 一百五十八人 規矩 木箭三矢二百四十步六兩三百八十步 片箭一巡三矢一百三十步鳥銃三放一百步騎芻 一巡五矢創一巡講武經一書試官護軍洪元益 通禮院相金延鳳監試官大憲趙錫命大諫俞㝡基 殿試命官左相宋寅明

李宜贊 字美兼生 川居義城 肅宗乙未父營將惟天忠簡公民成后貫永

辛酉式年榜 二百二十八人

崔益大 字士謙官郡守忠節公永濡后貫和順居金山

朴繼道 字君彥號德川生 顯賢后貫密陽居星州 顯宗戊申官宣傳父章臣 贈領相

李碩文 字士實號遯齋生 正字廷賢玄孫貫星山居星州 肅宗癸巳官主簿 贈兵參父爾紳

壬戌庭試榜 一百二十七人

朴賢輔 字益重號止軒生肅宗庚寅官司果僉樞延賓孫贈兵判杜漢曾孫文肅公中美后貫密陽居密陽

鄭趾新 字君又生景宗壬寅官防禦使父水使[illegible]兵使東望曾孫應教鵬后貫海州居善山

洪俊泳 字國輔號石峯生肅宗辛未錄揚武原從功贈兵叅父以義文正公彥博后貫南陽居高靈

文道新 字聖甫生肅宗癸巳官僉使父贈都正自岳忠宣公益漸后貫南平居咸安

癸亥謁聖榜六十人

甲子庭試榜二百九十五人

金聖龍 字乃會生丙午官中樞父益三鶴城君完后貫金海居固城

同年式年榜

同年庭試榜

乙丑庭試榜

郭禎屋 字景明生肅宗戊戌官營將父榮之淸白吏安邦后貫苞山居玄風

丙寅庭試榜一百九十人

同年謁聖榜二十三人

同年重試榜四十一人

同年平安道別試榜一百五十人

同年春塘臺榜

同年咸鏡道別試榜三百人

丁卯式年榜三百二十六人

同年庭試榜

戊辰庭試榜一百二十七人

文道恒 字擎天生肅宗丙申官縣監父贈都正自岳忠宣公益漸后貫南平居咸安

己巳謁聖榜

鄭三省 號日齋官判官父叅奉應龍文忠公夢周后貫延日居永川

庚午式年榜五百二十一人命官判府事閔應洙司直具聖任訓副正李再馨

金弘甲 字仲卿生肅宗戊戌父中樞永哲文悼公壽寧后貫安東居玄風

同年謁聖榜

同年溫陽庭試榜

辛未庭試榜

同年庭試榜

壬申庭試榜

癸酉謁聖榜

同年庭試榜

同年庭試榜

同年式年榜

甲戌道科庭試榜

金滿熙 字滿之號秋岡生肅宗丁酉官營將父判官宇集府使憲承曾孫金寧君牧卿后貫金寧居盈德

同年增廣榜

乙亥咸鏡道別試榜

同年庭試榜

同年庭試榜

丙子庭試榜 二百四人

同年耆老庭試榜 四十二人

同年式年榜 五十五人

同年庭試榜

丁丑庭試榜

同年庭試榜

同年重試榜

己卯式年榜

同年別試榜

同年謁聖榜

同年庭試榜

曺學臣 字心夫生壬子官兵使父 贈戶叅善廸文簡公好益后 貫昌寧居永川

辛巳庭試榜

金泰貴 字安之官營將父長福文愍公馹孫后貫金海居善山

壬午謁聖榜

同年式年榜

同年庭試榜

癸未耆老庭試榜

同年增廣榜三百十人

具順命 字德兼號柯隱生肅宗乙未官護軍父潤芳禮佐聖年曾孫部將連佑后貫綾城居漆谷

甲申忠良試榜十四人　除初試帿箭二中

同年江華別試榜

同年庭試榜

乙酉式年榜三百十八人　殿試　規矩　柳葉箭五矢一巡　叅試官兵判具允明　叅考官校理徐命善

鄭胄新　字允甫生戊午官營將父左水使　嶒兵使東望曾孫應教　鵬后貫海州居善山

羅翰東　字鵬擧生戊戌父興載羅城君公彥后貫羅州居咸安

同年謁聖榜

丙戌庭試榜一百八十四人

孫泰九　字魯瞻生癸丑官司正父善杰同樞是槐孫景節公仲暾后貫慶州居榮川

同年重試榜三十七人

同年庭試榜

同年庭試榜

丁亥庭試榜

孫正九 字觀日生庚申官司果父善杰同樞是槐孫景節公仲曒后貫慶州居榮川

李順泰 字興瑞號慕岩生戊申官守門將父命鵬叅議成節后貫星山居星州

同年重試榜三十六人

戊子式年榜

同年庭試榜

己丑餙喜庭試榜

朴光廸 字啓仲生丙寅官兵議父聖淳忠正公彭年后貫順天居漆谷

同年耆老庭試榜四十七人

同年庭試榜

壬寅庭試榜

辛卯庭試榜

同年式年榜

同年庭試榜

壬辰耆老庭試榜

同年蕩平別試榜

同年庭試榜

癸巳增廣榜

同年庭試榜

甲午登俊試榜

張鎭萬 同 字君博生庚午官虞候父在中司僕悌元后貫仁同居仁

同年式年榜

同年庭試榜

成彦霖 生乙丑官同樞父 贈戶叅 漢護軍正夏玄孫縣監跮后貫昌寧居昌寧

同年咸鏡道別試榜

同年平安道別試榜

同年增廣榜

乙未庭試榜

金榮國 字極瑞號逈山生戊辰官戶叅父通德郞秉根曩元公士衡后貫安東居晋州

崔箕星 字士驪生丙寅官護軍父寺正壽彩叅判善明后貫陽川居河東

具埈 字和汝生戊午官郡守父鼎焌翊贊文游曾孫文貞公禕后貫綾城居晋州

同年庭試榜

同年新舊製推殿試榜

同年求賢科榜

丙申耆老庭試榜

正宗朝丙申庭試榜

嶠南科榜錄卷之一　四十一

同年重試榜

元年丁酉增廣榜

同年式年榜

同年庭試榜

戊戌謁聖榜

朴喬齡 字子久生 英宗庚戌官郎廳父成翰府尹守弘玄孫貫密陽居善山

己亥南漢庭試榜

庚子式年榜

權像 字輝叔官府使父必隨叅奉克亮后貫安東居丹城

盧尙樞 字用謙號西山窩生 英宗丙寅官府使 贈兵叅父 贈叅判洒兵使啓禎孫察訪景傯后貫安康居善山

申應三 字仲玄生 英宗癸未官司僕正父嘉善宅學叅奉光世孫齊靖公孝昌后貫平山居盈德

壬寅謁聖榜

同年庭試榜

李德儉 字忠瑞號定齋生 后貫韓山居晉州 英宗辛酉父司果昌根文靖公禧

癸卯增廣榜

試所春塘臺 規矩 鐵箭三矢九十步騎𩧐一次二中貫革三矢一百三十步一巡一中柳葉箭五矢一百二十步一巡三分鳥銃三柄一巡一中鞭𩧐一次二中講書除吳子粗以上七技取一技 考官左相洪樂性㕘考官司直金熹

一百四十六人

同年庭試榜

郭璡 字進玉生 邦后貫苞山居玄風 英宗己未父元亘郡守世楗曾孫濟白吏安

同年式年榜

甲辰庭試榜

試所春塘臺 命官判府事李徽之 登賢門分所試官司直申大升 丹楓亭分所 命官戶判鄭一祥 不老門分所 命官司直金華鎭 慕華館分所 命官判府事徐命善 洗馬坪分所試官掌令李思祚 壯元亭分所 命官司直鄭尙淳 訓鍊院分所 命官司直李敬懋 君子亭分所 試官執義洪萬周 殿試 規矩五技取二技 貫革二中騎𩧐柳葉箭鳥銃各一中

講粗以上直赴七技取一技鐵箭九十步騎芻貫革柳葉箭鳥銃鞭𩢸各一中講粗以上二千六百九十二人

鄭必新 字允卿生庚午官府使父水使𡽫兵使東望曾孫應教鵬后貫海州居善山

鄭維轍 字明準生英宗癸亥官營將父胤新兵使東望玄孫應教鵬后貫海州居善山

權師萬 字一元生英宗甲寅官部將父弘運忠毅公應銖后貫安東居新寧

同年庭試榜

鄭維寬 字和卿生英宗己巳官府使父防禦使趾新兵使東望玄孫應教鵬后貫海州居善山

鄭維穆 字靖之生英宗壬申官營將父防禦使趾新兵使東望玄孫應教鵬后貫海州居平山

張守初 字太鄰號居然齋生英宗甲戌官討捕使父贈戶叅漢經忠貞公安世后貫玉山居仁同

乙巳謁聖榜

同年討逆庭試榜

丙午別試榜

同年重試榜

同年式年榜

丁未庭試榜

金宗澤　官副尉父叅奉慶基貫月城居慶州

己酉謁聖榜

同年式年榜

金聲達　字振汝生　英宗丙戌官宣傳父洪韶貫金海居河東

黃　鍾　字應大號德堂生　英宗癸丑官兵使父嘉善信寧襄武公希碩后貫平海居青松

同年別試榜

庚戌水原別試榜

同年啓聖祠試取榜

同年增廣榜

李光三 字曾若生 英宗戊子官司果父潤德文景公稷后貫星州居漆谷

壬子式年榜

甲寅謁聖榜

同年庭試榜

乙卯華城別試榜

同年式年榜

同年大庭試榜

權師億 字宋瑞號晚歸翁生 英宗甲申官僉使父海運忠毅公應銖后貫安東居新寧

鄭選 字汝七號華齋生 英宗戊子官訓正父維城應教鵬后貫海州居善山

張翼 字善鳴號望美軒生 英宗己卯官營將父僉樞受濂忠貞公安世后貫玉山居仁同

李佳洪 字淑之生 英宗辛巳官宣傳父錫麟主簿善道后貫眞寶居寧海

曺慶夏 字來章生 英宗庚辰官縣監陞通政父賁九文簡公好益后貫昌寧居永川

丙辰別試榜

李命時 字得之生・英宗丁亥官郡守父同樞奎錫貫陝川居丹城

朴慶悳 字應初號素庵生 英宗壬午官縣監父翰國主簿廷璠后貫高靈居高靈

同年重試榜

戊午式年榜

張弼曾 字聖學生 英宗乙酉官同樞父贈參判晋明縣令汝衍曾孫進士潜后貫仁同居善山

己未謁聖榜

庚申庭試榜

純祖元年辛酉庭試榜

具然興 字而瞻生 英宗辛卯官宣傳父觀魯文端公鳳齡后貫綾城居星州

張南運 字大卿生 英宗庚辰父昌潤忠貞公安世后貫仁同居蔚山

同年增廣榜

同年式年榜

壬戌庭試榜

崔成範 字聖若號晩翠亭生 貫朔寧居泗川 正宗己亥官府使平章事天老后

同年庭試榜

鄭岣 字巨山生 州居善山 英宗甲午官主簿父泰世應教 鵬后貫海

癸亥謁聖榜

權宜秉 字懿民生 安東居新寧 正宗辛丑官宣傳父師哲忠毅公應銖后貫

同年增廣榜

甲子庭試榜

同年式年榜

乙丑庭試榜

同年增廣榜

丙寅重試榜

同年別試榜

丁卯式年榜

同年庭試榜

同年謁聖榜

同年庭試榜

己巳增廣榜

考官兵判朴宗慶刑判朴崙壽刑叅李堯憲叅
考官工議權丕應宣傳尹顯東司僕正洪羲俊宣
傳柳基恒　三百九十一人

庚午式年榜

辛未庭試榜

壬申庭試榜

癸酉增廣榜

李春湎 字士元生英宗癸未官守門將父靈泰參議祖節后貫星山居星州

甲戌庭試榜

權虎秉 字彝伯號愼庵生正宗甲寅官刑佐陞通政父師百忠毅公應銖后貫安東居新寧

張有聞 字景振生英宗乙丑官郡守陞嘉善父贈戶參守忠參奉臬后貫仁同居仁同

同年式年榜

李鼎會 字禹錫生正宗戊申父瑞運進士世鈺玄孫觀察使禮孫后貫廣州居漆谷

乙亥庭試榜

權載秉 字聖裕號華南生正宗壬寅官僉使父師錫忠毅公應銖后貫安東居新寧

丙子庭試榜

同年重試榜

同年式年榜

丁丑庭試榜

己卯式年榜

許瑠 字文五生正宗辛亥官叅軍父煥文敬公稠后貫河陽居玄風

庚辰庭試榜

辛巳庭試榜

權周秉 字聖文生正宗丁巳官部將父郡守師億忠毅公應銖后貫安東居新寧

朴哲源 字汝明號鄉南生正宗辛亥官五衛將父慶祿主簿廷璠后貫高靈居高靈

壬午式年榜

鄭瑍 字士典生正宗戊申官郡守父通德郎惟赫應教鵬后貫海州居善山

李再英 字士元生正宗戊午官五衛將父集秀禮佐[illegible]后貫慶州居昌寧

癸未庭試榜

同年庭試榜

鄭達新 字德兼生正宗甲寅官縣監父主簿岣應教鵬后貫海州居善山

同年別試榜

乙酉式年榜

林啓春 字國甫號聽溪生 正宗丁巳官司果父 贈吏正恭參
恭憲公整后貫平澤居星州

徐興謙 字德一號松村生 正宗癸丑官同樞父春載貫達城居
固城

盧慶燁 字瑞五生 正宗甲寅官府使父尚標進士誠后貫安
康居善山

金斗遠 字季膝號莊松生 正宗甲子官五衛將父進士熙鏞貫
義城居順興

同年謁聖榜

丙戌別試榜

張鳳羽 字光之生 正宗丁巳官討捕使父建樞忠貞公安世后
貫玉山居仁同

同年重試榜

同年平安道別試榜

同年咸鏡道別試榜

丁亥庭試榜

張大周　字德明生正宗乙卯官郡守父虞侯鎭萬司僕正悌元后貫玉山居仁同

戊子式年榜

權奎秉　字文見生正宗己未官郡守父師百護軍復衡玄孫忠毅公應銖后貫安東居新寧

孫軫奎　字大奎號鶴皐生辛酉父鍾弼司果正九曾孫景節公仲暾后貫慶州居榮川

已丑庭試榜

庚寅庭試榜

辛卯式年榜

孫鍾策　字元方號藝軒生正宗甲寅官營將父星億司果正九孫景節公仲暾后貫慶州居榮川

甲午式年榜

鄭宗鉉　字致宏生甲子官營將父通德郎　進應敎　鵬后貫海州居善山

盧觀琢　字重良生正宗庚戌　贈左尹父聖杰文簡公守愼后貫光州居慶州

徐載濬 字致璞生乙丑官護軍父春正學諭 渡后貫達城居永川

憲宗元年乙未別試榜

徐敎海 字浩若生正宗乙巳父學諭 渡后貫達城居永川

同年增廣榜

丙申庭試榜

權寅秉 字周伯號晚憂齋生純祖辛酉官統中軍監叅判父師百護軍復衡玄孫忠毅公應銖后貫安東居新寧

權宅永 字善仲號孤松生正宗己未官通政父贈戶判達孝叅奉爾範孫都事尚律玄孫貫安東居新寧

丁酉式年榜

崔秉虎 字而七生純祖丙寅父府使成範平章事天老后貫朔寧居泗川

張心學 字在中號江海生純祖甲子官府使父鹿壁貫淅江居興海

黃麟五 字國日生正宗丁巳官奉事父鳳三叅奉貴淵玄孫贇成希碩后貫平海居慶州

戊戌庭試榜

同年謁聖榜

同年咸鏡道別試榜

己亥庭試榜

張鳳和 字儀贈生純祖甲子官五衛將父建宇忠貞公安世后 貫玉山居仁同

具灤喜 字進源號竹圃生純祖辛未官縣監父錫喆丞旨岦 后貫綾城居晋州

崔秉和 字而弼號松窩生純祖戊辰官縣監父府使成範平章 事天老后貫朔寧居泗川

庚子式年榜

崔馳羽 字雲瑞官訓判贈兵叅父元俊恭順公齊安后貫月城 居金山

辛丑庭試榜

鄭瀷 字南擧號松軒生純祖甲戌官別將父通德郎宗鐸應 敎鵬后貫海州居善山

癸卯式年榜

麻夏帛 字時可號宜齋生純祖庚辰官府使父纁提督貴 后貫上谷居陜川

國朝科榜錄虎榜錄卷之一　四十八

李起廷 字時中號謙山生 純祖辛未官別將父 贈承旨慶滄 文靖公 穡后貫韓山居固城

甲辰增廣榜

孫應祚 字潤五號四而齋官主簿父大奎司果正九玄孫景節公 仲暾后貫慶州居榮川

乙巳庭試榜

鄭宗鏈 字啓彥生 純祖甲戌官府使父判官 璸應教 鵬后 貫海州居善山

丙午庭試榜

鄭惟儉 字汝益生 純祖戊寅官宣傳父縣監達新應教 鵬后 貫海州居善山

同年式年榜

丁未庭試榜

戊申增廣榜

鄭泌 字源汝生 純祖乙酉官郡守父營將宗鉉應教 鵬后 貫海州居善山

同年庭試榜

己酉式年榜

林陽碩 字日升生純祖丁丑官禁都父尙連襄平公自蕃后貫全州居盈德

同年庭試榜

哲宗元年庚戌增廣榜

辛亥庭試榜

鄭宗茂 字光彦生純祖辛巳官府使父通德郎濤應敎鵬后貫海州居善山

李在春 孝寧大君補后貫全州居星州

張鳳昊 字儀卿生純祖壬申官僉使父建宇忠貞公安世后貫玉山居仁同

同年謁聖榜

壬子式年榜

張佑軫 字致萬生純祖辛未官郡守父鎭禧司僕正悌元后貫仁同居仁同

具元喜 字時克號汾岩生純祖己卯官宣傳父錫胤承旨崟后貫綾城居晋州

同年庭試榜

癸丑庭試榜

鄭宗鈗 字邦彥生 純祖癸未官判官父郡守 琠應教 鵬后貫海州居善山

甲寅庭試榜

張振鶴 字聲七生純祖乙亥官宣傳父鳳朝營將 翼孫忠貞公安世后貫玉山居仁同

金聖奎 字聖沈生純祖丙子父光禹咸寧君 饒后貫咸寧居咸昌

權致鎬 字景瞻生純祖戊子官縣監陞通政父郡守奎秉忠毅公應銖后貫安東居新寧

同年耆老科榜

乙卯庭試榜

崔奎燦 字文汝號洗心生 純祖己卯官僉正父 贈戶叅鳳集貞武公震立后貫慶州居慶州

同年式年榜

丙辰別試榜

趙樂臣 字周瑞號松坡生　純祖辛卯官司正父　溶貞節公旅后貫咸安居統營

丁巳庭試榜

盧鎭萬 字德一號農隱生　純祖丁亥官工叅父　贈通政守誠監察補世后貫慶州居青松

權致誠 字汝克生　純祖癸未官宣傳父叅判寅秉忠毅公應銖后貫安東居新寧

戊午庭試榜

鄭宗龍 字應瑞生　純祖丁丑官護軍父　鈺應教　鵬后貫海州居善山

金永禧 字致五父應健進士夏剛后貫金海居延日

己未增廣榜

鄭根大 字成余號又堂生　憲宗乙未官訓正父都事　瀷應教鵬后貫海州居善山

朴慶泰 字明五生　純祖庚寅官僉樞父中虎忠貞公審問后貫密陽居永川

郭龍沂 字俊秉生　純祖癸酉父大翼清白吏安邦后貫苞山居玄風

金沂明 字聲五生　純祖丙戌官僉使父相奎府使文齊后貫金海居彥陽

庚申庭試榜

權壽鉉 字仲擧生 純祖庚寅官五衛將父致直忠毅公應銖后貫安東居新寧

張㦤鶴 字致壽生 憲宗丁酉父詡捕使鳳羽忠貞公安世后貫玉山居仁同

黃埰 字學魯號後松齋生 純祖丁亥官奉事父嘉善性虞通政元兆后貫平海居青松

辛酉庭試榜

同年式年榜

權致魯 字景一生 純祖庚寅官司果父部將周秉忠毅公應銖后貫安東居新寧

李璋範 字學瑞生 純祖丁亥官節制使父佑震興安君 濟后貫星山居晉州

金容潤 字君彥生 純祖甲申官通政節孝公克一后貫金海居永川

崔翼煥 字雲擧生 純祖壬辰府使成範孫平章事天老后貫朔寧居泗川

壬戌庭試榜

張德五 字季玄生 純祖壬申官郡守父郡守有聞叅奉 顯后貫玉山居仁同

權錫天 字德明生 憲宗丁酉官宣傳父致濂刑佐虎秉孫忠毅公應銖后貫安東居新寧

癸亥濟州道科榜

同年庭試榜

權大鉉 字文舉號取睡軒生 憲宗丙申官宣傳陞通政父通德郎致直忠毅公應銖后貫安東居新寧

鄭宗鎰 字衡彥生 憲宗丙申官五衛將父郡守[illegible]應教鵬后貫海州居善山

柳星鎬 字叔景生 憲宗庚子官五衛將父都正致潤僉樞道源玄孫贈吏參復起后貫全州居安東

高宗元年甲子庭試榜

崔祥仁 字周彥生 純祖辛卯官司果父光斗完山君阿后貫全州居固城

金尙鍾 字振古號退隱生 純祖癸未官中軍父贈左尹景喆博士三達后貫靈岩居固城

乙丑式年榜

申敬熙 字聖緝號松崖生 哲宗甲寅官監察父嘉善貞會文僖公槩后貫平山居善山

丙寅庭試榜

盧應鍾 字而遠生憲宗己亥官司果父以秀生員碩垕后貫光州居草溪

同年謁聖榜

丁卯咸鏡道別試榜

同年式年榜

權龜洛 字德源生憲宗戊戌官司果父斗榮資憲舜孝曾孫持平捌后貫安東居新寧

鄭基杓 字元禮生純祖己丑官司果父東魯承旨禮槩后貫烏川居永川

李以璟 字景玉生憲宗癸卯官宣略父崚運縣監仁符后貫廣州居漆谷

權在鉉 字國瑞生憲宗乙巳官都事父宅謹持平捌后貫安東居新寧

戊辰庭試榜

盧璇 字聖敏官五衛將父府使慶燁進士守誠后貫安康居善山

鄭東冠 字仲生正宗庚戌官護軍父益道襄烈公仁卿后貫瑞山居金山

金基海 字振余官僉使父通政成鼎忠毅公文起后貫金寧居永川

鄭湜 字湜汝生憲宗辛丑官宣傳父營將宗鉉應敎鵬后 貫海州居善山

張柱鶴 字石夫號醉石生憲宗辛丑官防禦使父討捕使鳳羽 忠貞公安世后貫玉山居仁同

己巳庭試榜

金顯載 字鶴守生憲宗己亥官五衛將父秉福文愍公馹孫后 貫金海居善山

庚午庭試榜

鄭根和 字應善號莘樵生憲宗己酉官宣傳父郡守泌應敎 鵬后貫海州居善山

同年式年榜

辛未謁聖榜

同年庭試榜

朴大洵 字英會號菊圃生憲宗戊戌官節制使父東震贈吏 判季芬后貫高靈居高靈

韓鎭奎 字季賢號蒼西生憲宗壬寅官縣監父縣監殷周判書 哲冲后貫清州居大邱

朴文杓 字星友號文岩生純祖壬辰官萬戶永興府院君楗 后貫密陽居義興

壬申謁聖榜

同年庭試榜

權芝洛 字靈秀生 哲宗乙卯官司果父錫琥忠毅公應銖后貫 安東居新寧

郭熙坤 字泰汝生 純祖辛卯官司果父龍沂清白吏安邦后貫 苞山居玄風

李起馨 字性魯號霽川生 純祖乙巳官宣傳父 贈承旨英檥 世子師潘后貫全州居密陽

癸酉式年榜

張昇鶴 字鳴可生 憲宗辛丑官五衛將父僉使鳳昊忠貞公安 世后貫玉山居仁同

朴起羽 字振八號九溪生 哲宗乙卯官節度使父 贈兵議泰 郁府使坤后貫密陽居密陽

吳衡白 生純祖丙戌父嘉善喜輿 贈左尹光龍孫文襄公延 龍后貫海州居長鬐

同年庭試榜

張斗參 字穉晦生 憲宗甲辰官工佐父𡻕守德五忝奉 喿后 貫玉山居仁同

甲戌增廣榜

鄭仁平 字德謙號竹史生　憲宗丙申官護軍父東圭靖節公矩后貫東萊居統營

鄭一龜 字語監生　純祖壬午官縣監父夏容貫東萊居慶州

沈能秀 字成文生　憲宗丁酉父益之青松君孝淵后貫青松居寧海

李佑尙 字道洪生　憲宗癸酉官五衛將父文郁校理希閔后貫陝川居草溪

裵尙漢 字擎安生　憲宗戊戌官護軍父瑀英大諫矩后貫星山居高靈

朴止淵 字伯曕號愚琴生　哲宗甲寅父五衛將允祺折衝愛祥后貫鐵城居固城

徐有承 字乃亨生　憲宗甲辰官萬戶父贈參判英淳吏判涉后貫達城居固城

裵尙翼 字樂有號月灘生　憲宗丙午官中樞父通政佑聖大諫矩后貫星山居高靈

麻斗元 字基五號歸隱生　哲宗癸丑官防禦使父府使夏帛提督貴后貫上谷居陝川

乙亥別試榜

崔東麟 字元伯號素齋生　純祖乙酉官主簿贈戶參父大興文昌侯致遠后貫慶州居興海

金興善 字振五號默岩生　純祖甲午官司果父副摠管景喆博士三達后貫靈岩居統營

金相晚 字穆汝官府使父鳳彙判書不比后貫金海居善山

梁在亨 字元淑號愼庵生 憲宗乙巳官司果父光煥文襄公誠之后貫南原居東萊

吳衡鳳 生 憲宗辛丑父嘉善喜典 贈左尹光龍孫文襄公延寵后貫海州居長鬐

吳衡守 字景表生 憲宗丁未父嘉善喜輿 贈左尹光龍孫文襄公延寵后貫海州居長鬐

丙子庭試榜

張舜鳳 字喜俊號西溪生 憲宗乙巳文康公顯光后貫仁同居固城

申輔熙 字孔弼生 哲宗癸丑官虞候直長火元玄孫文僖公槩后貫平山居星州

崔炳述 字景文號二友堂生 純祖辛卯官宣傳 贈兵參父贈參議自鶴文昌侯致遠后貫慶州居慶山

同年重試榜

同年式年榜

郭定坤 生 哲宗辛酉官虞候父址一濟白吏安邦后貫苞山居玄風

吳衡賢 字景化生 哲宗壬子父嘉善喜輿 贈左尹光龍孫文襄公延寵后貫海州居長鬐

郭鍾佑 字愼五生 憲宗己亥父珩坤淸白吏安邦后貫苞山居玄風

同年咸鏡道別試榜

丁丑庭試榜

高洪範 字文仲生 純祖壬辰官司果父同樞鳳翔瀛城君曦后貫濟州居長鬐

戊寅庭試榜

朴時夏 字敬弼生 憲宗庚寅父箕楨生員書林后貫密陽居金海

鄭禹榮 字而德生 憲宗壬寅官司果父縣監一龜貫東萊居慶州

吳衡祥 生 哲宗庚辰父嘉善喜源 贈工議平泰曾孫文襄公延寵后貫海州居長鬐

己卯庭試榜

張箕遠 字佐文生 哲宗乙卯官宣傳父榮煥營將 翼玄孫忠貞公安世后貫玉山居仁同

白東畦 字敬元號敬齋官司果父思正叅議受綸后貫扶餘居梁山

沈有澤 字聖水號老隱生 憲宗戊申官訓正父中樞宜錄靑城伯德符后貫靑松居靑松

同年式年榜

崔鎭敏 字鳳欣生 哲宗丙辰父翼煥府使成範曾孫平章事天老后貫朔寧居泗川

張希相 父在圭武科南雲孫忠貞公安世后貫仁同居蔚山

李在弼 字德彥號省庵生 憲宗辛丑官僉樞父喜運星山伯能一后貫星山居金山

李炳允 字致賢號甘山生 純祖壬申官僉樞父周弼星山伯能一后貫星山居金山

庚辰庭試榜

李起夏 字性元生 哲宗辛亥官司果父 贈承旨英穀世子師潘后貫全州居密陽

同年增廣榜

同年謁聖榜

一所訓鍊院二所慕華舘 規矩 木箭二百四十步三矢鐵箭八十步三矢 講書租以上

試官兵判李載冕鈴春君尹榮信司敎令鄭稷朝

叅考官大司成沈相穆司果申克柞訓僉正具然河

辛巳庭試榜

申鉉瑨 字俊汝生 哲宗壬子官司果敎官承濬后貫平山居密陽

壬午別試榜

金俊炯 字景初號龍隱生 哲宗辛亥官五衛將父通德郎玉桓護軍聖淳孫文懋公駉孫后貫金海居奉化

金作奎 字健八號德岩生 純祖甲子官司果父司勇就萬嘉善漢相孫文敏公冲漢后貫慶州居長鬐

南萬里 字鵬翼生 哲宗癸丑官郡守父有煥上議佑良后貫英陽居義城

裵夏鎭 字和仲號樂山生 憲宗戊戌官司果父舜喆武烈公元龍后貫盆城居善山

金永益 字鳳若官司果父五衛將仲善博士三宅后貫靈岩居固城

同年庭試榜

張禹永 字舜弼生 哲宗己未官副司果父任鶴司僕正悌元后貫仁同居仁同

張敎漢 字汝良生 哲宗壬戌官副司果父斗根司僕正悌元后貫仁同居仁同

張敎憲 字文徵生 哲宗癸丑官左部將父仁根司僕正悌元后貫仁同居仁同

金庠柱 字中瞻號謙窩生 憲宗乙巳官通政父別將海鎭上洛君時興后貫金寧居固城

同年增廣榜

具膺煥 字必和號閬園生 哲宗戊午父議官東濵訓正應星后貫昌原居固城

張禹喆 官討捕使父晦根忠貞公安世后貫仁同居仁同

李周源 字聖順號誠庵生 憲宗丙申 贈戶叅父別將起廷文靖公禧后貫韓山居固城

同年別試榜

癸未式年榜

李先道 字達之號東浩生乙丑父都事哲龍貫鐵城居統營

同年別試榜

乙酉庭試榜

同年式年榜

李錫道 字致達號陶雲生 憲宗乙未官戶叅父命基文忠公崇仁后貫星州居漆谷

李以學 字龍見號木村生 哲宗己未官司果父在鼎縣監仁符后貫廣州居漆谷

金顯錫 字致善生丙寅官司果父叅奉載植文懿公駟孫后貫金海居善山

金龜鉉 字洛瑞生丁卯官都守父叅奉撥文忠公宗直后貫善山居高靈

同年增廣榜

丙戌庭試榜

姜杜洪 字景範號聽石生憲宗戊戌官五衛將父贈叅判宅碁殷烈公民瞻后貫晋州居善山

金浩淵 生哲宗己酉官訓判父副護軍鳳鎭貫安東居安東

具然潤 字子玉生憲宗丙午官副司果陞通政父豊祖都元帥成老后貫綾城居達城

李弘順 生憲宗癸卯官司果父宜阿文忠公崇仁后貫星州居金山

丁亥庭試榜

金在正 字元直生哲宗癸亥官五衛將父中軍益九忠貞公澍后貫善山居金泉

朴周曄 字慶五生憲宗己酉官虞候父禮守貫密陽居草溪

崔世彰 字成七生哲宗庚戌官司果父羽禮鷄林君光位后貫月城居金山

李鎔教 字景度生憲宗甲辰官牧使父敦令奎洗馬塽后貫興陽居尙州

金在守 字守一生哲宗壬子官司果父振海貞肅公仁鏡后貫月城居慶州

秋秉紀 字始景號明菴生純祖壬午官佐郞贈禮判父監察鍾泰文憲公適后貫秋溪居大邱

金炯千 字璟千生哲宗戊午官副護軍父都事達權忠毅公文起后貫金寧居金泉

金景輝 字景瑞號忠蘭生憲宗乙巳官副護軍父嘉善宜默通政喜鎭孫忠毅公文起后貫金寧居新寧

廉仁壽 字元五生哲宗戊午忠敬公悌臣后貫坡州居安東

李晩儀 字榮現生·憲宗己酉官司果父伯宇世子師潘后貫全州居密陽

李聖雨 字克瑞號竹何生哲宗壬子官司勇父鍾洪文忠公齊賢后貫慶州居淸道

戊子耆老應製榜

同年庭試榜

柳琓 字完玉生哲宗庚申官營將父達鎬叅奉鼎文曾孫贈吏叅復起后貫全州居安東

朴來玟 字淑厚生憲宗己酉官司果父運喆府尹守弘后貫密陽居善山

洪興燮 字聖化生 純祖己卯官護軍父秉瑢貫南陽居圖城

甘在元 字致律號友于齋生 哲宗己酉官僉樞父檜廷僉使景仁后貫檜山居昌原

趙昌來 字禹言號稼軒生 哲宗辛酉官承訓父叅奉益濟忠毅公宗道后貫咸安居晋州

同年式年榜

鄭根萬 字永年生 哲宗己未官五衛將父都事漢應教鵬后貫海州居善山

金秉熙 字致元號晚樵生 憲宗癸卯官中樞父贈嘉善秀永大憲淨后貫慶州居尚州

朴善浩 字養吾生 哲宗丁卯官護軍父司果相龍文獻公堧后貫密陽居金山

鄭瀚 字允源生甲子官宣傳父宗厦應教鵬后貫海州居善山

李善浩 字孟淵號春光生己巳官萬戶父贈通政鍾舜翼平公季男后貫平昌居尚州

同年別試榜

李起龍 字一肖生 哲宗辛亥父勉培洗馬塡后貫興陽居尚州

鄭渤 字漢汝生 哲宗辛酉官宣傳父判官宗鈗郡守塡孫應教鵬后貫海州居善山

趙益 字秉文生 哲宗戊午官護軍父通政啓奎 贈參議天道后貫咸安居盈德

朴顯欽 字玉汝號德岩生 哲宗癸亥官司果軾生后貫密陽居金山

己丑謁聖榜

裵壽昌 字範一生庚午官察訪父監役章煥直提學 給后貫星山居金山

閔泳儀 字文哉生 哲宗庚戌官司果父赫鎬文仁公漬后貫驪興居尙州

林植坤 字君五生 哲宗庚申官司果父國載文憲公季美后貫彭城居奉化

趙冏奎 字奈實號南溪生 哲宗辛亥官監察父司果熙榮貞節公旅后貫咸安居固城

金達甲 字德淳生 憲宗庚子父鎭默貫金海居盈德

庚寅榜

李淵基 字順元生 憲宗丙午官都正父能煥察訪大任后貫昌寧居長鬐

白舜基 字致五生 哲宗乙卯官監察父五衛將南湖持平洙旭孫贊成仁傑后貫水原居密陽

鄭淑 字聖基生己巳官五衛將父宗錡應教 鵬后貫海州居善山

鄭濟儉 字大賢號堤庵生 純祖辛未官同樞父 贈叅判熙復司正文備后貫延日居興海

林炳兌 字誠路號春宇生 哲宗庚戌官監察父正字伯相簡憲公著喆后貫羅州居固城

吳榮根 字祥淑號雲庵生甲子官司果父大泳靖平公 陞后貫同福居咸陽

尹滋榮 字潤汝生 純祖庚辰通訓父世雄昭靖公 坤后貫坡平居盈德

辛卯榜

權佑俊 字警心生 憲宗癸卯父載演進士得仁曾孫 贈吏判守經后貫安東居義城

崔性倫 字仁伯官司果父祥成 贈吏判 均后貫全州居固城

金應仁 字士彥號翠岡生 哲宗癸丑官司果父振熙鷄林君礀后貫慶州居固城

沈東燮 字仁彥號月塢生 憲宗丙午官察訪父相憲縣令天柱后貫青松居安東

金範哲 字漢瑞生 純祖甲午父振聲通政龍秀玄孫忠毅公文起后貫金寧居盈德

尹奎彥 字文益生 哲宗辛亥父秉斗弘鳴后貫坡平居慶州

金甫淵 字琦湍生 憲宗己亥父琪鼎文愍公馹孫后貫金海居永川

朴在權 字致範號休汀生甲戌官主事父基善叅奉重秀曾孫錄山君永均后貫密陽居星州

魯榮周 字舜弼生哲宗庚申父叅判泰永贈承旨德仁曾孫贈判書認后貫咸平居漆谷

禹泳圭 字瑞伯生哲宗庚申官部將父夏坤文僖公倬后貫丹陽居彥陽

姜錫琦 字汝益號默齋生憲宗癸卯官監察父贈吏叅在聖萬戶就后貫晉陽居固城

禹錫圭 字璟伯生哲宗癸亥父夏允文僖公倬后貫丹陽居彥陽

蘇祖奎 字景文號永窩生壬申官司果父輝浩通政論東后貫晉州居漆谷

壬辰榜

鄭虎燮 字性光生癸酉官五衛將父根亨應敎鵬后貫海州居善山

張柱弼 字和汝生憲宗辛丑官司果父捕將使鳳羽忠貞公安世后貫仁同居仁同

朴在坤 字明余生哲宗辛亥贈通政父啓閏忠貞公審問后貫密陽居永川

徐斗錫 字呈必生庚午父萬戶有承贈叅判英淳孫吏判涉后貫達城居固城

林炳權 字誠吉號琴湖生哲宗辛酉父正字伯相簡憲公蒔喆后貫羅州居固城

權在錫 字舜七生戊辰通訓父聖根郡守福壽后貫安東居英陽

車鳳甲 字賢仲號白湖生 憲宗癸卯嘉善父春孫軍資正輻杜玄孫剛烈公云革后貫延安居盈德

沈德淳 字德順生甲子官虎賁父武科能秀青松君孝淵后貫青松居盈德

金仁澤 字景明官司果貫慶州居軍威

崔戒白 字春甫生 哲宗庚戌文昌侯致遠后貫慶州居尚州

鄭斗學 字聖國生 憲宗丙申官主簿父光檍宣傳萬儀曾孫東平君種后貫東萊居達城

姜沈會 字敬允生己巳官護軍父昌和執義叔卿后貫晋州居密陽

癸巳榜

權應均 字國善生 哲宗戊午官五衛將父用默師傅宇后貫安東居尚州

金有鳳 字瑞顯號西岩生丙寅官司果父同樞千億贈戶叅光龍孫判官克恭后貫月城居慶州

鄭滕 字而觀生 哲宗己未官五衛將父五衛將宗鎰郡守璵孫應教鵬后貫海州居善山

鄭灌 字而善生 哲宗辛酉官五衛將父五衛將宗鎔鎰守與孫應教鵬后貫海州居善山

洪萬基 字坒弼生 憲宗戊戌官司果陞通政父顯哲唐陽府院君仁祐后貫南陽居善山

郭㵢根 字德老淸白吏安邦后貫苞山居玄風

甲午榜

鄭善基 字明習號華雲生壬申官司果父大護軍煥圭贈戶判遠模孫校理以僑后貫延日居金山

曺斗承 字仁汝生甲子官都事父同樞錫英工議允淇孫縣監尙貞后貫昌寧居河陽

金正元 字和潤生 哲宗戊午父萬誠參贊龜后貫金海居昌原

嶠南科榜錄虛榜卷之一終

嶠南科榜録　司馬榜

卷之一

嶠南科榜錄司馬榜卷之一

太祖二年癸酉式年榜

韓乘　號石村進士官獻納父典法判書哲冲貫清州居尚州

金完湜　進士官判官父升萬順忠公宣弓后貫善山居善山

殷汝霖　生員見龍榜

丙子式年榜

金乘　字益之號橋西生員官兵議父 贈贊成鼎臣貫商山居尚州

金乙範　字穉洪生員父 贈判書天應貞肅公仁鏡后貫月城居慶州

金謙　號遯齋進士官留守 贈右贊成謚平厚父月城君需月城府院君天瑞孫貫月城居玄風

金益精　生員見龍榜

郭德淵　進士官學令父署令　籍貫苞山居大邱

定宗元年己卯式年榜

權恢 進士官郡守贈吏議父工曹典書允均太師幸后貫安東居咸昌

趙夏 生員官刑佐父牧使崇貫豊壤居尚州

太宗元年辛巳增廣榜

金乙和 號存養齋生員官禮判父進士天應貞肅公仁鏡后貫慶州居永川

崔善門 字慶夫號東巖生員官吏判諡文惠享景濂院父文貞公自江忠節公永濡后貫和順居金山

壬午式年榜

申自恕 號遯庵生丙辰進士官縣監父齊靖公孝昌貫平山居禮安

鄭允成 生員官郡守贈戶議父忠節公初貫海州居善山

申自守 字而考生員官同中樞贈左相父齊靖公孝昌貫平山居密陽

乙酉式年榜

朴蔚 生員官縣監父大憲晐貫密陽居慶山

柳方善 字子繼號泰齋生戊辰生員薦主簿享松谷院父瑞寧君沂文僖公淑曾孫文簡公成澗后貫瑞山居永川

金尙直 生員見龍榜

朴融 生員見龍榜

戊子式年榜

裵素 進士官吏正父典書尙恭興海君　詮孫武烈公玄慶后 貫興海居安東

鄭介保 字乃休號蓬谷進士官吏叅父博士允老文安公　穆后 貫東萊居慶山

韓卷 進士見龍榜

權偲 生員見龍榜

辛卯式年榜

都以敬 生員父典客令　安星山君　陳后貫星州居星州

甲午式年榜

白惟球 生員父　贈戶判仁寬貫水原居達城

趙寧 進士官縣監父典書　悅判書天啓孫貫咸安居咸安

金續　生員官縣監父戶叅爾音貫咸昌居榮川

孔宗周　號漁齋生太祖戊寅生員官叅議贈吏判謚孝節父叅判斯文平章事憲后貫曲阜居靈山

安止　生員見龍榜

康信　生員見龍榜

丙申親式榜

李祿成　生員父判書英大卿直后貫星山居星州

同年別試榜

丁酉式年榜

朴國儉　字忠賢生員官工佐父載陽密城君陟后貫密城居密陽

張憲　號三隱生員官中樞院錄事贈兵判父忠莊公思儉貫順天居比安

黃誕　生庚申生員官訓導父有定貫平海居豊基

世宗元年己亥增廣榜

庚子式年榜

閔孝懽 進士官掌令父副使大生文仁公 湥后貫驪興居金山

安淑良 進士官侍直父生員尚貫廣州居密陽

癸卯式年榜

孫士晟 進士官兵議 贈兵判封鷄城君父監察 登貫月城居
慶州

宋仁昌 號亀岩進士官舍人父進士 啓貫礪山居榮川

丙午式年榜

金新民 字明之生太祖戊寅進士官副提學父兵判仲誠齊肅公
禰孫判書起淵玄孫大提學光俊后貫慶州居盈德

鄭文喬 生員官教導父司正 瑋判書光厚孫知奏事龔明后貫
延日居永川

裴杠 進士官吏正父 贈兵判尚志興海君 詮孫武烈公玄
慶后貫興海居安東

許鎦 字尤吉生太宗丁亥進士官直提學忠穆公有全玄孫
貫金海居永川

權佰 生員見龍榜

丁未親試榜

裵垣　號琴溪生　太祖甲戌進士父景輔大諫　規玄孫判書　晋孫后貫星山居星州

申承濬　字大源號樂眞堂生員官教官父師傅允元　贈左相自　守孫齊靖公孝昌曾孫貫平山居密陽

鄭希彦　生員官承旨　贈刑叅父郡守允成忠節公　初孫貫海　州居善山

同年重試榜

己酉式年榜

河綱地　字伯章進士官縣監父郡事　澹主簿　成后貫晋州居　善山

同年謁聖榜

權銖　號湖隱進士官校理父直長近中僕射守洪后貫安東居　安東

同年別試榜

壬子式年榜

金慶喆　字圭一號聾齋生員父大成有權貞肅公仁鏡后貫慶州　居慈仁

陳克元　字敬汝號月窩生　太宗甲午進士　贈吏叅父叅奉宣翰林　瑋后貫驪陽居草溪

金震孫　進士見龍榜

甲寅謁聖榜

權鈎　號圃亭生　太宗癸巳進士父直長近中僕射守洪后貫安東居陜川

乙卯式年榜

孫鏊瑞　字引甫號格齊進士官翰林　贈吏叅享青湖院父府使寬靖平公洪亮后貫一直居密陽

沈璿　字潤夫號忘世亭進士官監司父良惠公石雋府尹澄孫定安公德符曾孫貫青松居蔚山

羅洪緒　進士父　贈叅判衡之牧使有典孫判書　緯后貫壽城居星州

金潛　進士見龍榜

金淡　進士見龍榜

河緯地　生員見龍榜

河紀地　生員見龍榜

丙辰親試榜

同年重試榜

戊午式年榜　始設進士試

李愉　字愉如號烏山生　太宗丙申進士官敎授父靖簡公孟
專判書審之孫大學堅幹后貫碧珍居善山

朴元溫　進士父忠貞公審問副提學剛生孫貫密陽居咸昌

裵孝崇　進士見龍榜

權有順　生員官牧使　贈吏叅父郡守恢貫安東居咸昌

申淳　字德夫號北山進士父敬德學士君平后貫平山居盈德

己未親試榜

辛酉式年榜

金係引　生員官都事享鄉賢祠父文科筝生貫金海居金海

池漢根　字荷汀號雲耕進士　贈左贊成父提學顯磐忠簡公好
文后貫忠州居慶山

朴繼恩　號華隱生員父發生察訪揚茂曾孫密直府使良彥居貫
密城居清道

芮承錫　進士見龍榜

朴壽山　生員見龍榜

金漢珍　號正谷生員官府使父縣監　續戶叅爾晉孫貫咸昌居
榮川

壬戌親試榜

甲子式年榜

卞　純　進士官校理　贈兵叅父判尹南龍貫草溪居善山

金　孟　進士見龍榜

丁卯式年榜

河紹地　生員配莊陵別壇父郡事　澮主簿　成后貫晉州居
善山

李　宗　進士父察訪養福承旨　移孫星山君兆年后貫隴西居
高靈

金秀光　生員見龍榜

都孟寧 號養堂生癸卯進士父生員以敬星山君　陳後貫星州居星州

洪　宇 進士官監察父舍人愛智忠平公　灌后貫南陽居安東

李　默 生癸卯進士父判尹之帶文忠公齊賢后貫慶州居慶州

權　徵 生員見龍榜

李智活 字忘記號孤隱生甲寅進士官縣監　贈吏判配　肅慕殿享松湖院父吏判　繆隴西郡公長庚后貫星山居咸陽

同年重試榜

文宗朝庚午式年榜

李斯亨 字窮養生員父　麗貫永川居軍威

權　琳 字伯玉進士官縣監父牧使有順貫安東居咸昌

韓　潤 進士父縣監尙儉典法判書哲冲曾孫貫淸州居陜川

趙瑞廷 生員見龍榜

孫叙倫　進士見龍榜

許譔　進士見龍榜

元年辛未增廣榜

崔尙洞　進士父教導　泛左尹海雲孫大學玄培后貫慶州居尙州

權繼祐　進士父郡守　忖忠憲公仲達玄孫文坦公漢功后貫安東居丹城

全希哲　字原明號休溪生　世宗乙巳進士武司直配肅慕殿享方山院父錄事　禮管城君侑后貫沃川居榮川

徐錫寘　字馨伯號南湖生員父吏正文德府使　湝孫貞平公鈞衡曾孫貫達城居固城

瑞宗元年癸酉增廣榜

李繼陽　字達甫號老松亭生　世宗甲辰進士子　堣貴　贈眞城君孫　滉貴　贈吏判享鄉賢祠父府使　禛副正云候孫松安君子脩曾孫貫眞寶居禮安

趙旅　字主翁號漁溪生　世宗庚子進士　贈吏判諡貞節享西山院父　贈寺正　安嘉善　悅孫貫咸安居咸安

權軾　字子輿號杏亭生　世宗癸卯進士官教授享沂川社父縣監尙宜貫安東居義城

金宗裕 字仲容號菰堂生 世宗己酉進士官敎授父文康公叔滋貫善山居高靈

南致晶 字子晋號遠樂齋生 世宗丁未進士父義良戶議敏生孫英毅公敏后貫英陽居安東

同年式年榜

金宗直 進士見龍榜

姜子平 進士見龍榜

金壽寧 生員見龍榜

孫昭 進士見龍榜

金龜 進士見龍榜

甲戌增廣榜

孫億 字宅之號壽庵生 世宗甲辰生員父縣監康太常少卿義敬后貫月城居慶州

李禮源 生員父通贊愊貞簡公孟專孫文安公堅幹后貫碧珍居漆谷

秦智敏 進士官校理父欽祖貫豊基居豊基

世祖元年丙子式年榜

柳允庚　字元叟生太宗丙戌生員父主簿方善觀察厚曾孫文簡公成澗后貫瑞山居永川

金永句　字子徵號鶴南生世宗辛酉進士官奉事父判官係權太師宣平后貫安東居安東

丁丑別試榜

金萬句　字國秉進士官縣監父文節公淡贈兵判小良孫贈戶叅輅曾孫貫禮安居榮川

權金錫　字鍊翁生員官奉事父進士繼祐忠憲公仲達后貫安東居丹城

同年別試榜

同年重試榜

戊寅謁聖榜

金克恭　字士光號淡齋生世宗丁巳進士官縣監享鄕賢祠父贈兵叅剛毅吏判係熙孫貫金海居金海

己卯式年榜

朴順祖　號菊淸軒生世宗壬子進士官縣監父縣監蔚文肅公中美后貫密陽居慶山

羅守經 生員父縣監順孫監務尙之孫府使謙曾孫府院君聽禮后貫壽城居星州

權瑠 生員見龍榜

金永貞 進士見龍榜

金世句 進士見龍榜

徐渡 進士見龍榜

庚辰別試榜

金普生 生員父直長乙博版圖判書將有曾孫貫慶州居高靈

同年平壤別試榜

朴近仁 進士官司提控父吏叅臣輔文節公文彬孫密城府院君世均后貫密陽居昌寧

同年別試榜

辛巳別試榜

孫孝祖 字無忝號敬堂生員父肇祥靖平公洪亮后貫一直居密陽

國朝司馬榜錄卷之一 八

壬午式年榜

李世胤 生員父興陽牧使 清孫星山伯能一后貫星山居高靈

孫文伯 字德仲生 世宗乙卯生員官訓導父參軍 玎監察 登會孫貫慶州居醴泉

金致運 字好瑞進士父從順忠愍公仁麓后貫楊根居禮安

裵孟厚 進士見龍榜

李徒允 進士見龍榜

同年謁聖榜

鄭由恭 號晩隱生員官敎導 贈兵判父承旨希彥忠節公 初 會孫貫海州居善山

甲申溫陽別試榜

金應河 字直一號惺齊進士父獻納秀文野城君就礪后貫野城 居盈德

乙酉式年榜

金永命 字克配生 太祖戊寅進士官縣監父萬戶 游義城君 龍庇后貫義城居安東

申禧 生世宗丙午生員官主簿享水晶祠父生員永錫文暄公用養玄孫貫平山居盈德

朴栻 進士父進士元温忠貞公審問孫貫密陽居咸昌

秦澹 進士見龍榜

同年別試榜

丙戌高城別試榜

同年謁聖榜

同年重試榜

同年拔英試榜

戊子溫陽別試榜

同年重試榜

同年式年榜

韓世誠 字庸一號遂吾堂進士 贈教官父縣監末孫典法判書晳冲后貫淸州居陝州

裵叔厚 進士官察訪父 贈左相 緍盆城君元龍后貫盆城居靈山

殷宗 生員父縣監 顯直提學莘尹玄孫定襄公洪悅后貫幸州居仁同

權瓆 進士見龍榜

曺末孫 進士見龍榜

奇欑 生員見龍榜

睿宗元年己丑增廣榜

李謙 字撝光號取睡軒生 文宗壬申進士享清岩院父觀察文煥文忠公齊賢后貫慶州居咸昌

朴秀宗 進士父進士近仁叅判臣輔孫文節公文彬曾孫貫密陽居昌寧

金意堅 生員父叅贊龜貫金海居昌原

趙銅虎 字貞符生 世宗辛酉進士官郡守父貞節公 旅貫咸安居咸安

方忠敬 字敬夫生 世宗甲寅進士父有寧叅議思友后貫軍咸居陝川

金萬枰 字國衡生員 贈左通禮父文節公 淡 贈吏議力軾玄孫貫禮安居榮川

成宗元年庚寅別試榜

姜訴 字詩可進士享關山院父 贈左賛成子平 贈兵判 徽孫文敬公君實后貫晋州居宜寧

李惟元 生世宗丁巳生員父汝信少尹文廣孫昱山伯能一居 貫星州居義城

鄭錫堅 生員見龍榜

辛卯別試榜

鄭鐵堅 字剛叟號松亭進士官府使 贈吏判父 贈兵判由恭 承旨希彦孫忠節公 初玄孫貫海州居善山

鄭誾 字誾之號謇愼齋生 世宗丙寅進士官縣監父直長仁 豪靖節公 矩玄孫貫東萊居軍威

朴璸 字而玉號裕軒生 世宗辛酉生員父校理英孫文肅公 中美后貫密陽居永川

壬辰式年榜

權士彬 字子野生 世宗己巳生員 贈領相判書 翰玄孫貫 安東居安東

鄭銀堅 號松谷生員官縣監 贈兵議父 贈兵判由恭承旨希 彦孫忠節公 初玄孫貫海州居善山

康伯珍 進士見龍榜

曺致虞 進士見龍榜

金用石 字鍊叔號潭庵生 端宗癸酉進士父 洙貫光山居安東

甲午式年榜

裵聖謙 字君範號雪松進士父直提學 閔大諫 規孫武烈公 玄慶后貫星山居榮川

柳自溫 字直而生 端宗癸酉進士 贈吏判父 沼貫豊山居安東

鄭繼東 生員官縣監父文敬公自英忠簡公可候后貫野城居盈德

權柱 生員見龍榜

黃玎 進士見龍榜

曺淑沂 生員見龍榜

乙未謁聖榜

丙申別試榜

鄭鸞 號雲齋生員官承旨 贈吏議父 贈兵議銀堅 贈兵判由恭孫忠節公 初后貫海州居開寧

黃直卿 生員父 贈工叅躧監務處中孫大相石柱后貫昌原居豐基

丁酉式年榜

南八俊 字士傑生 端宗癸酉進士父萬戶致英叅判敏生后貫英陽居安東

郭承華 字子實號揆軒進士享道洞別祠父郡守安邦郡守瓊曾孫正毅公鏡后貫苞山居玄風

宋碩忠 字元老號訥齋生 端宗甲戌進士享山川院父縣令子綸縣監守謙孫冶城君吉昌玄孫貫冶城居榮川

金惟慶 進士官縣監父正言 地忠貞公澍后貫善山居善山

趙㥛 生 世祖辛巳生員父舍人瑞庭貫豐壤居尚州

許禎 進士見龍榜

朴文華 字子英號鼎村進士父敎授宗仁鷄林君 純玄孫貫江陵居盈德

戊戌別試榜

裵世綱 號水樂亭進士官都事父吏叅孟厚盆城君元龍后貫盆城居靈山

已亥別試榜

同年重試榜

庚子謁聖榜

同年式年榜　一所試官大提學徐居正校理曺淑沂二所試官戶叅孫舜孝應敎權健

李末同　(仝)字子源號桃源生世宗癸亥生進父錄事允興判書良曾孫貫月城居慶州

金宏弼　字大猷號寒暄堂生端宗甲戌生員逸叅奉官刑佐贈右相謚文敬從祀文廟享道東院父護軍紐貫瑞興居玄風

金孝盧　字舜卿號春圃生端宗甲戌生員贈吏叅父縣監淮府使天利玄孫貫光山居禮安

曺致夏　進士父翰林末孫襄平公益淸后貫昌寧居永川

康仲珍　進士見龍榜

辛丑別試榜

徐智元　字公良進士父學諭渡縣監文翰孫忠靖公顯后貫達城居達城

壬寅別試傍

石光鼎 生員父吏叅成玉正郎貞信孫縣監文賢曾孫貫忠州居大邱

同年庭試榜

同年進賢試榜

癸卯式年榜

俞良弼 生員父教授尙輔直提學涉后貫昌原居星州

李承彥 字士雅號愚亭進士官叅軍贈左贊成享燕岩院父贈兵判好謙文安公堅幹后貫碧珍居昌寧

朴幼恭 進士父進士秀宗提拱近仁孫文節公文彬玄孫貫密陽居咸安

曺致商 進士父翰林末孫襄平公益淸后貫昌寧居昌寧

鄭汝昌 進士見醴榜

孫仲暾 生員見龍榜

乙巳別試榜

宋由浩 進士父叅軍叔亨大成承殷孫淸原君暄曾孫淸州君有忠玄孫貫淸州居金海

姜詗 進士見龍榜

朴允秀 字潤夫號愚堂生 世祖壬午生員父生員璸校理英孫孫文肅公中美后貫密陽居永川

丙午式年榜

金伯堅 字士重生 世宗戊辰進士父進士順節孝公克一孫貫金海居清道

曺致周 進士父翰林末孫襄平公益淸后貫昌寧居昌寧

崔堅 進士官參奉父府使 渝左相潤德曾孫貫通川居昌原

金良彥 字士贇生 世祖壬午進士官府使錄靖國原從功父府使僖刑判自粹玄孫貫夔州居漆原

鄭鵬 進士見龍榜

黃璍 進士見龍榜

同年重試榜

丁未別試榜

戊申別試榜

裵季厚 字直方號慕堂進士官府使父 贈左相 緖盆城君元龍后貫盆城居靈山

河灘 字季浩號蓮亭生 世祖乙酉進士父殿直孟滑文孝公演后貫晋州居新寧

己酉式年榜

申命佑 字長吉生 世祖癸未生員父主簿 禧文貞公 [illegible]后貫平山居盈德

孫叔暾 字叔卿進士父襄敏公 昭鷄城君士晟孫貫月城居慶州

李陽 字晦翁進士父牧使 友星山伯能一后貫星山居星州

金錫齡 進士父禮正繼孫同正用和孫野城君就磷后貫野城居盈德

權敏手 生員見龍榜

權達手 進士見龍榜

吳永年 進士見龍榜

申儼 生員工龍榜

庚戌別試榜

辛亥別試榜

壬子式年榜

朴庭芝 字德馨進士父進士幼恭進士秀宗孫提㳂近仁曾孫文節公文彬后貫密陽居咸安

金直方 生員父生員普生版圖判書將有玄孫貫慶州居高靈

張孟羽 進士見龍榜

鄭僖 進士見龍榜

同年別試榜

甲寅別試榜

曺致唐 進士父翰林末孫襄平公益清后貫昌寧居清道

燕山時乙卯增廣榜

孫季暾 字彥昇進士 贈持平父襄敏公 昭鷄城君士晟孫貫月城居慶州

洪彥昇 字大曜進士官縣監父文匡公貴達司宰 淳后貫缶林居咸昌

鄭俊德　字克明號河隱生員父和守忠莊公　苯后貫晉陽居河東

李蕃　字叔翰生　世祖癸未進士　贈左贊成父　贈吏判壽會貫驪州居慶州

李賢輔　進士見龍榜

李長坤　生員見龍榜

朴巨鱗　進士見龍榜

丙辰式年榜

金匡律　字公度進士父府使　鏵文忠公先致后貫商山居尚州

禹玄圭　字直夫生　成宗甲午進士官吏議父都事勝河吏判國珍后貫丹陽居靈山

蔣子騫　字冲甫生　成宗壬辰進士父司勇　霖典書成發后貫牙山居密陽

權檖　進士見龍榜

丁巳別試榜

戊午式年榜

劉光孫 字有華生 成宗壬寅進士父署令 恒縣監 覃孫縣令 洽曾孫居陁君堅規后貫居昌居居昌

李國樑 字庇遠生 成宗乙未進士父 贈吏議亨禮 贈左贊成淑璜孫文昌公係孫后貫延安居軍威

南石文 進士父禮判 椳正郎致孝孫司諫 珪曾孫文安公乙珍后貫宜寧居密陽

金叔文 進士父生員直方版圖判書將有后貫慶州居高靈

許訢 進士父直提學 鈞忠穆公有全后貫金海居善山

曺光益 進士見龍榜

同年別試榜

辛酉式年榜

李埴 字器之生 世祖癸未進士以子 滉貴 贈左贊成享淸溪書院父進士繼陽府使 禎孫松安君子脩后貫眞寶居禮安

李遠 字孤雲生 成宗己亥進士父 忠順衛師弼文節公行后貫驪州居密陽

朴德孫 字光前號浣川堂生進官弼善父進士 演密城君大陽后貫密城居晉州

金匡復 生員見龍榜

李希曾 進士見龍榜

郭璋 字幼温生 成宗癸巳生進官縣監 贈左通禮父進士承華濟白吏安邦孫典書允賢玄孫正毅公鏡后貫苞山居玄風

壬戌謁聖榜

癸亥別試榜

甲子別試榜

金應淸 字直哉號敬齋生 世祖丙戌進士父獻納秀文野城君就麟后貫野城居盈德

李世憲 字士典號牛岩生 成宗丙申進士 贈左承旨享梧陽祠父訓導宗林生員斯亨孫貫永川居軍威

李薰 字馨之生 成宗己酉生員父司直弼幹文莊公混后貫宣城居安東

金顒 進士見龍榜

魚泳濬 進士見龍榜

同年式年榜

洪彥國 字公佐號訥庵進士父文匡公貴達司宰淳后貫缶林居咸昌

權哲經 字彥綸進士贈兵判父贈叅判自謙副正通義后貫安東居安東

全軾 字希瞻號美月亭生成宗壬辰進士父僉中樞守恭縣監由義孫平簡公賁后貫旌善居安義

同年別試榜

丙寅別試榜

李堣 生員見龍榜

中宗元年丙寅別試榜

權叔均 字天汝進士父縣監開經判書鞠玄孫貫安東居安東

丁卯增廣榜

權弘手 字大而號退憂堂生成宗壬寅進士父典籍璸貫安東居咸昌

孫世紀 生員父主簿荀茂翰林肇瑞曾孫貫一直居密陽

呂希臨 字大之號圓亭生成宗辛丑生員官持平享川谷祠父監役遇昌工判克誨后貫星山居星州

張信孫 字斯立號竹隱進士享玉溪祠父通贊孟儲豊儲倉承備孫忠貞公安世后貫仁同居仁同

權儀 字伯懼號野翁生成宗乙未進士官縣監父贈領相士彬判書鞠后貫安東居安東

都永建 字建之生世祖丁亥生員官訓導父校理夏府使允弼后貫星州居大邱

朴亨鱗 進士見龍榜

同年式年榜

金珙 進士父生員叔文版圖判書將有后貫慶州居高靈

黃士祐 進士見龍榜

李迨 進士見龍榜

鄭輝 進士見龍榜

裴壽百 字大年號東湖生成宗壬寅進士父牧使士寬盆城君元龍后貫盆城居昌寧

戊辰謁聖榜

金大有 字天佑號三足堂生 成宗乙亥進士官正言享紫溪院
父直提學駿孫節孝公克一后貫金海居淸道

己巳別試榜

裵世緯 進士父府使季厚盆城君元龍后貫盆城居密陽

庚午式年榜

朴洪鱗 進士見龍榜

印臣彥 字士美號思齋生 成宗甲午進士父訓導承孫翰林
郊后貫喬洞居咸昌

趙淵 字靜卿號耐軒生 成宗己酉進士官經歷 贈戶議父
郡守銅虎貞節公 旅孫貫咸安咸安

表贇 進士見龍榜

權磌 生員見龍榜

李希閔 進士見龍榜

金緣 生進見龍榜

辛未別試榜

徐叔元 字公季號抹雲進士官訓導父學諭 渡貫達城居永川

癸酉別試榜

同年式年榜

李友仁 字士中號孤栢生 成宗癸丑進士薦執義父進士 諫 文忠公齊賢后貫慶州居咸昌

李碩均 字而厚號養默軒生 成宗乙巳進士父縣監之蕃 贈吏判智活曾孫貫星山居咸陽

申命仁 字榮仲號龜峯生燕山壬子進士贈吏判諡貞淸父翰林叔根文僖公槩曾孫貫平山居咸陽

許芷 字己有號白庵進士父縣監方佑大護軍 惇孫文敬公稠后貫河陽居咸陽

李彥廸 進士見龍榜

曺孝淵 生員見龍榜

李承須 生進見龍榜

許伯琦 進士見龍榜

甲戌別試榜

南碉文 號採庵進士官叅奉父禮判禔 正郎致孝孫文安公乙 珍玄孫貫宜寧居密陽

秦亨源 進士官縣監父守長貫豊基

同年別試榜

黃季沃 字沃若進士官別提父府尹瑋 副尉龜壽孫生員正文 曾孫德豊君彥弼后貫德山居善山

乙亥別試榜

孔魯成 生員父生員 孝縣令季孫曾孫孝節公宗周后貫曲阜 居靈山

李秀塢 生 成宗甲午生員父部將 曄府尹 珹后貫京山居 星州

丙子式年榜

崔彥世 軍字鶴甫號紫岩生 成宗壬辰進士官叅奉父節度使 泗縣監敬浩曾孫生員光裕玄孫侍郎 淸后貫慶州居 軍威

李雄 進士父忠順衛贇弼永陽君大榮后貫永川居禮安

朴仲文 號仁齋生 成宗乙未生員父生員繼恩察訪揚茂玄孫 密直府使彥良后貫密城居淸道

張應臣 字庬叔生 成宗庚戌生員父校理孟羽安襄公末孫孫玉山君安良曾孫貫仁同居榮川

姜潛 進士父菁原君利温叅判安福孫大學淮仲曾孫貫晉州居盈德

權輗 生員見龍榜

安寅 進士見龍榜

金庚信 進士見龍榜

同年別試榜

丁丑別試榜

鄭穀 號松齋生員官縣監父應教鵬府使鐵堅孫贈兵判由恭曾孫忠節公初后貫海州居善山

鄭瑞鵬 字雲擧生 成宗丙申進士父郡守永孫郡守原緒曾孫貞簡公 文后貫八溪居草溪

己卯式年榜

郭之元 字春卿進士父別提琚副司正承陽孫淸白吏安邦曾孫正毅公 鏡后貫苞山居玄風

文繪地 號錐錁齋進士 贈持平父訓導 弼判書 瑾后貫南平居陜川

白繼性 號怡乙齋生員父司直龜壽大護軍　昇曾孫文簡公文寶后貫大興居寧海

朴雲 字澤之號龍岩生　成宗癸丑進士亨洛峯院父進士宗元貫密陽居善山

柳公權 生員見龍榜

金弘微 進士見龍榜

朴光佑 生員見龍榜

同年賢良試榜

同年別試榜

庚辰別試榜

鄭公淸 進士官縣監父校理以僑判書光厚后貫延日居金泉

辛巳別試榜

壬午式年榜

權時準 進士官叅奉父奉事金錫忠憲公仲達后貫安東居丹城

金鳳祥 字伯應號聾山生 睿宗丙辰生進官叅奉父習讀俔貫淸道居榮川

金彥庠 字胃卿生 成宗庚子生員官縣監父文敬公宏弼貫瑞興居昌寧

李德符 字得之生 成宗辛亥進士父承仕郞摯左通禮克堅孫觀察使禮孫曾孫贈贊成集后貫廣州居漆谷

辛弘立 進士見龍榜

南瑞龍 字雲叟生 成宗丙辰進士父敎授昌年判書暉珠后貫英陽居安東

同年別試榜

癸未謁聖榜

郭趌 生員父之堅淸白吏安邦后貫苞山居玄風

甲申別試榜

朴興叔 字敬執進士父府使 林密城君 涉后貫密城居密陽

乙酉式年榜

金謙 字處弘進士父進士匡律洛城君先致后貫商山居尙州

金綏　字綏之號濯清亭生 成宗辛亥生員 贈戶叅 父 贈
吏叅孝盧縣監 淮孫 上護軍天利后 貫光山 居禮安

李瀣　進士見龍榜

安嶸　字伯謙號不言齋生 成宗辛亥進士官叅奉 父司諫
覲引儀普文孫侍直淑良曾孫 貫廣州 居密陽

李舜年　字壽夫號耕庵生 成宗己亥生員 父承禮文烈公兆年
后 貫星州 居密陽

李鶴錫　字達天號月岡生 成宗丙午 父叅奉自山文烈公 蓊
后 貫鐵城 居固城

全應房　字而紀號野翁生 成宗癸巳生員 父叅奉 珀 司直希
哲孫管城君侑后 貫沃川 居榮川

白眉良　字俊叔號壽親堂生 燕山辛酉進士 父誠導汝琬司直
龜年孫文簡公文寶后 貫大興 居寧海

丙戌別試榜

安壽仁　進士官縣監 父善良副正 樺孫觀察從信后 貫順興 居
醴泉

戊子別試榜

金就鎔　字鎔之進士官忠順衛 父司直匡弼叅議 磾孫和義君
起后 貫善山 居善山

金就彬　字彬之進士官叅奉 父 贈吏叅匡佐叅議 磾孫和義
君 起后 貫善山 居善山

洪 禎 字休應進士父護軍信謙僉中樞 忻孫安武公達孫曾孫文正公彥博后貫南陽居高靈

同年別試榜

李 滉 進士見龍榜

李咸從 字君說生燕山己未生員父判尹萬齡文順公奎報后貫驪州居義興

權 常 字吉哉號南岡生戊辰進士官同樞東興府院君贈領相享白鹿洞祠父贈戶叅振樞密守平后貫安東居安東

安公信 生員見龍榜

李仲樑 進士見龍榜

崔弘濟 生員見龍榜

金士文 進士見龍榜

金 立 字立之號惺齋生燕山丁巳生員官刑正壽副護軍父縣監彥庠文敬公宏弼孫貫瑞興居昌寧

辛卯式年榜

權 纘 進士見龍榜

金希參 生員見龍榜

李克恭 進士見龍榜

李水南 進士父縣監長城吏判愼之玄孫貫碧珍居陜川

張 潛 字浩源號竹亭生燕山丁巳進士敦嫡孫貫仁同居仁同

金彥球 字大鳴號雙碧堂生丁卯生員父習讀 筠進士用石孫貫光山居奉化

韓世珍 進士父都事 顯典法判書哲冲后貫淸州居尙州

壬辰庭試榜

郭之貞 字正卿進士父別提 琚司正承陽孫淸白吏安邦曾孫正毅公鏡后貫苞山居玄風

張 諶 字甚言生 成宗癸丑進士父府使汝弼佐郎台柱后貫昌寧居昌寧

同年別試榜

宋 珪 字圭玉生燕山甲子進士父叅奉德林叅奉 燦孫掌樂正道成玄孫貫楊州居榮川

崔 包 字大甫號愚川進士父光潤侍郎 清后貫月城居慶州

盧守愼 進士見龍榜

癸巳別試榜

裵 鵬 進士父司直世緯盆城君元龍后貫盆城居靈山

甲午式年榜

南龜壽 字益年生燕山癸亥進士父 溟佐郎致恭孫判書暉珠后貫英陽居安東

同年謁聖榜

乙未別試榜

郭 璟 字魯睦生丁卯進士官叅奉父兵使自安翰林 汾孫掌令德淵曾孫貫苞山居大邱

朴元基 字固卿進士父司直之檠判書義龍后貫務安居寧海

同年松都別試榜

同年謁聖榜

丙申別試榜

金箴　字敬之生員父處行文靖公孝貞后貫善山居比安

尹湯輔　進士父判官龜年直長燾孫文肅公瓘后貫坡平居星州

同年重試榜

同年庭試榜

丁酉式年榜

康景善　字元卿號克齋生甲戌進士父府使顗舍人仲珍孫信城府院君之淵后貫信川居星山

金士明　字晦叔生丙寅生員贈吏判父贈承旨佑生員萬枰孫文節公淡會孫貫禮安居榮川

金世緯　字忠卿進士官判官錄佐翼功震孫孫貫金海居河陽

康惟善　字元叔號舟川生庚辰進士贈左贊成享松山院父府使顗舍人仲珍孫信城府院君之淵后貫信川居善山

黃俊良　生員見龍榜

金富弼　字彥遇號後凋堂生丙子生員贈吏判謚文純父觀察緣贈吏叅孝盧孫貫光山居禮安

朴從阜 進士父判官冲武定憲公成陽后貫咸陽居義城

同年別試榜

戊戌謁聖榜

同年別試榜

金宗翰 字致道進士薦叅奉父副提學就文和義君起后貫善山居善山

同年擢英試榜

已亥別試榜

同年別試榜

庚子式年榜

盧守緘 字敬夫號松庵生丙子進士享文山院父敎授希軾政丞光漢后貫安康居善山

林　薰 字仲成號葛川生燕山庚申進士官掌令判決事 贈吏判謚孝簡享龍門院父進士得蕃貫思津居安義

朴良佐 字藎老號復齋生辛巳官叅奉 贈大學享會山院父進士埴清白吏柳壆后貫順天居陜川

金範 字德容號后溪生壬申進士官縣監享玉成院父允儉兵議謙后貫商山居尙州

安守淵 字淵淵號蓮湖生癸酉生員父叅奉璨侍直淑良后貫廣州居密陽

許忠吉 字國善號南溪生丙子進士官郡守贈承旨父正憲公伯琦提學禛孫直提學課曾孫貫金海居永川

吳甲龍 字利見號杏谷生丁卯進士官縣監父叅奉崇孫通政俊德孫文襄公延寵后貫海州居長鬐

都熙胤 字而孝號默溪生燕山庚申生員父兵佐衡星山君陳后貫星州居星州

安嶒 生員見龍榜

金乃雍 進士見龍榜

鄭景祐 進士見龍榜

禹淹 字子久生中宗丙子生員官叅奉贈通政父司果繼文提學元道孫文僖公倬后貫丹陽居榮川

朴承任 進士見龍榜

辛丑謁聖榜

高膺擎 字伯樑號北窓生甲申進士官訓導父僉正夢聃萬戶碩仝曾孫直提學得宗后貫濟州居善山

壬寅庭試榜

癸卯式年榜

李叔樑 字大用號梅岩進士薦師傳享研經院父孝節公賢輔貫永川居禮安

權東輔 字震卿號靑岩生戊寅官郡守父忠正公橃贈領相士彬孫貫安東居安東

黃應奎 進士見龍榜

金彥沉 進士見龍榜

甲辰別試榜

金希尹 字殷老生燕山丙辰進士父兵叅若秤翊贊亨石孫褰景公承霔后貫順天居安東

李泰然 字靜中生燕山戊午進士父生員秀㟓府尹琡后貫京山居星州

明宗元年丙午增廣榜

金善元 字善諭號花月堂生燕山甲子生員官吏正享鄉賢祠父校理有信戶判克儉曾孫吏判係熙后貫金海居仁同

郭䞱 字允靜生員父吏佐之雲淸白吏安邦后貫苞山居玄風

具鳳齡 進士見龍榜

同年式年榜

朴仁實 字成巳號琴軒生中宗壬申進士父弼善德孫進士演孫密城君大陽后貫密城居晋州

裵璹 字壽玉號梅谷生中宗丙子進士官教官父景軾大諫規玄孫貫星山居星州

朴仁傑 字士秀生燕山戊午進士官主簿父縣監璋忠貞公審問玄孫貫密陽居晋州

郭趪 字幼靜號山眉生員父之堅淸白吏安邦后貫苞山居玄風

金士鵷 字季和號龍岩生中宗己卯生員父贈承旨佑生員萬枰孫文節公淡曾孫貫禮安居榮川

崔雲 字建章號栁巷生中宗壬寅進士官主簿享三綱祠父贈叅判臣伏貫慶州居永川

金宇弘 生員見龍榜

邊永淸 生員見龍榜

張文輔 生員見龍榜

吉諴 進士見龍榜

宋鉉 進士見龍榜

黃有中 進士見龍榜

李埴 字貞九號大灘生 中宗乙未進士官副學 贈參贊父吏正進孫完豊君元桂后貫完山居慶州

戊申別試榜

邊永淳 字開叔號晩翠生 中宗癸未生員父生員 廣司直希孫亮節公安烈后貫原州居安東

金琦 字敬夫號石潭生 中宗辛卯進士官參奉父洸馬世琳縣令孝敏玄孫判書乙和后貫慶州居永川

林自華 字成悅號雲岳生 中宗乙卯進士父進士 諱貫羅州居山淸

郭超 字而靜號鳳村生 中宗甲戌進士父府使之蕃淸白吏安邦后貫苞山居玄風

曺允懼 生 中宗甲戌進士父翰林孝淵翰林致虞孫貫昌寧居密陽

殷霅 (佐)字元汝生員父參奉之成文翼公汝霖后貫幸州居大邱

己酉式年榜

韓克復 字有初號惺齋生員官掌令父敎官世誠典法判書哲冲后貫淸州居陜川

黃英老　字仁叟號卓庵進士父進士季沃貫德山居善山

金得礪　字士銘生　中宗己丑生員父生員彥球進士用石曾孫
貫光山居奉化

金應生　字德秀號小隱生　中宗丁丑生員　贈戶議父進士
濬贈判書季敦曾孫吏判乙昭后貫慶州居永川

白見龍　字文瑞號偓軒生　中宗癸卯生員享雲山院父進士眉
良訓導汝琥孫文簡公文竇后貫大興居寧海

盧大成　字景浩號小窩生　中宗壬寅生員父進士　調參判瑞
生玄孫副正孝孫后貫光州居草溪

郭瀚　字大憲號癡溪生　中宗癸未生員父判官　保察訪孟
元孫副司果致禎曾孫貫禮安居榮川

高興雲　進士見龍榜

文益成　進士見龍榜

辛亥謁聖榜

郭趪　進士官訓導父參奉之仁參奉　塘孫淸白吏安邦后貫
苞山居玄風

壬子式年榜

禹世勳　字應徵號下軒生　中宗甲戌進士父吏議玄圭吏判國
珍后貫丹陽居靈山

權大器 字景受號恐齋生中宗癸未生員贈執義享龍溪院 父軍資正燁太師公幸后貫安東居安東

全應參 字秀夫號七里叟進士父粲奉珀司直希哲孫管城 君佾后貫沃川居榮川

李貴尊 字致敬號晩山生員官府使父典籍休大學釋之后貫 永川居河東

李胤黃 字子述生中宗壬午生員父訓導演松安君子脩后 貫眞寶居安東

韓益成 字鎭伯號遯庵生中宗壬午進士父進士彭齡忠簡公 理后貫淸州居漆谷

姜應聘 進士父進士潛菁原君利溫孫大學淮仲玄孫貫晋州 居盈德

金宇宏 進士見龍榜

癸丑別試榜

黃銓 字平甫生員官校尉父進士英老進士季沃孫府尹瑋 曾孫貫德山居善山

裵應秀 字燦卿進士父生員彥昌盆城君元龍后貫盆城居陝川

尹晟 號養性齋進士父陽佐縣令龜齡孫坡平府院君珪玄 孫贈領相承禮后貫坡平居昌寧

乙卯式年榜

金富儀 字愼仲號挹淸亭生 中宗乙酉生員父觀察 緣 贈
吏判孝盧孫貫光山居禮安

琴應夾 字夾之號日休生 中宗丙戌進士官翊贊享洛川祠父
訓導梓太學士義后貫奉化居禮安

鄭大成 字甫重號松塢生 中宗甲戌進士享世德祠父 贈承
旨繼咸判官澤后貫晋陽居尙州

鄭象連 字信厚生 中宗庚子進士父典籍純禧庶院君蘭宗玄
孫貫東萊居尙州

南繼善 進士父進士右文文安公乙珍后貫宜寧居密陽

徐湜 字淨源號南澗生 中宗庚寅進士父應期制處使沉
后貫達城居大邱

權應星 字景樞進士父生員 經別提晳命孫忠愍公山海后貫
安東居醴泉

權應箕 字景說進士父黍奉 純別提晳命孫忠愍公山海后貫
安東居順興

文希禎 字吉應生 中宗丁卯生員父弘輔忠宣公益漸后貫南
平居善山

吳守盈 字謙仲號春塘生 中宗辛巳進士父進士彥穀進士
碩孫判官欽會孫貫高敞居禮安

蔡應麟 字君瑞號松潭生 中宗己丑進士享西山院父黍奉
泓貞義公貴河后貫仁川居大邱

全慶昌 進士見龍榜

全富倫　生員見逸蔭

權應參　字燦若生員父叅奉　純別提哲命孫忠愍公山海后貫
安東居順興

權應定　字文肅進士父直長　綏忠愍公山海后貫安東居安東

丙辰別試榜

金胤弼　字敬喜生中宗　辰進士官叅奉父判事　彰判書
寬后貫慶州居慈仁

戊午別試榜

金得基　字德鍾生中宗丙戌生員父之河校理世良后貫慶州
居慶州

鄭國成　字叔擧號復齋生　中宗丙戌進士官叅奉　贈主簿享
芝崗院父承旨繼箴判官澤后貫晋陽居尚州

金富信　字可行號養正堂生　中宗癸未生員父戶叅　綏貫光
山居禮安

李偁　字汝宣號簞谷生　中宗乙未進士薦持平父縣監士翊
廣平君能后貫星山居昌寧

趙宗道　字伯由號大笑軒生　中宗丁酉生員官牧使　贈吏判
謚忠毅享黄岩院父叅奉　堰貞節公　旅后貫咸安居
晋州

郭玘 字泰靜號禮谷生 中宗辛卯生員官郡守享道洞別祠父參奉之仁淸白吏安邦后貫苞山居玄風

鄭世雅 字和叔號湖叟生 中宗乙未進士官察訪 贈兵判謚剛義享世德祠父叅奉允良知奏襲明后貫延日居永川

李貞春 進士父執義彥沉翰林 蓊孫獻納士澄后貫星山居高靈

金萬增 字孝彥號菊友堂生 中宗丙戌進士享鄉賢祠父吏正善元戸判克儉玄孫吏叅係熙后貫金海居仁同

崔宗崖 字爾懸進士父判官 濟大提學玄培后貫慶州居尙州

朴鵬鱗 進士見龍榜

裵三益 進士見龍榜

金宇顒 進士見龍榜

周博 生員見龍榜

金應昌 進士見龍榜

乙未庭試榜

張逸 生員父大司成文輔僉使日新曾孫忠莊公思儉后貫順天居比安

張應斗 字天機生中宗戊子進士官兵使父進士諶府使汝弼孫佐郎台柱后貫昌寧居昌寧

庚申別試榜

金希善 字景伯生中宗癸酉進士父監司益壽安敬公永貞后貫金海居金山

金壽愷 字君寠生員父護軍　立文敬公宏弼曾孫貫瑞興居昌寧

辛酉式年榜

朴長春 字元伯號愚泉生中宗癸未進士享玉泉祠父叅奉登定憲公成陽后貫咸陽居義城

李安道 字逢原號蒙齋生中宗辛丑生員官直長享東溪祠父僉正寓文純公滉孫貫眞寶居禮安

鄭塤 號竹軒生員官司僕寺正贈右承旨父縣監　穀應教颺孫府使鐵堅曾孫忠節公　初后貫海州居善山

張峋 字景仰號鶴渠生中宗壬辰進士享鳳林院父將仕郎沅進士信孫孫忠貞公安世后貫仁同居仁同

黃耆老 字鮐叟號孤山進士享景洛院父進士季沃府尹　[illegible]孫副尉壽龜曾孫貫德山居善山

李世禎 進士官叅奉父縣監英茂貫驪州居慶州

吳澐 進士見龍榜

尹國馨 進士見龍榜

安彛 進士見龍榜

壬戌別試榜

張文瑞 字應休號文巖進士孝薦察訪父僉正假僉使日新孫忠莊公思儉玄孫貫順天居比安

盧遂 字汝成號小菴生中宗乙亥進士父參奉應世司直琢孫司諫善卿曾孫侍中仁正后貫光州居永川

癸亥謁聖榜

甲子式年榜

金逸驥 字大運生中宗癸卯進士父進士憲校理庾信后貫金海居密陽

張遇 字士吉進士父大司成文輔僉使日新曾孫忠莊公思儉后貫順天居比安

鄭逴 字悠仲生中宗丁丑進士贈兵參父承旨鸞贈兵議銀堅孫忠節公初后貫海州居開寧

孫有慶 進士父生員祥雲翰林肇瑞后貫一直居密陽

崔慶胤 字而孝號羅湖生中宗甲午進士官司成父斗鷲城君濡后貫龍宮居軍威

辛乃沃 字啓而號一竹齋進士贈承旨父迺政仲坤司直世荃孫太師夢森后貫寧越居安東

羅世謙 字燮然生中宗甲午生員父參奉應斗參奉景文孫判尹巽董曾孫貫壽城居玄風

蔡應龍 字天瑞號秋月軒生中宗庚寅進士父正郎澄貞義公貴河后貫仁川居大邱

金得可 字大中號杜峯生丁未進士官縣監贈司僕寺正父副提學宇宏贈吏判希參孫義城君龍庇后貫義城居安東

同年別試榜

金誠一 進士見龍榜

黃暹 進士見龍榜

金功 生員見龍榜

柳成龍 進士見龍榜

李魯 進士見龍榜

乙丑謁聖榜

李心慤 字敬思生丁未生員父遠慶進士德符孫觀察禮孫后貫廣州居漆谷

丙寅別試榜

鄭應厚 字伯仁生員官承旨 贈兵叅 父司僕寺正 損應敎
鵬曾孫府使鐵堅玄號忠節公 初后貫海州居善山

宣祖朝丁卯式年榜

李元承 字雲長號青岩生 中宗戊寅進士父察訪文樑孝節公
賢輔后貫永川居禮安

俞允讓 字景充號竹溪生 中宗甲辰生員父生員世傑左阿飡
三宰后貫杞溪居迎日

李誾文 字和中生員父將仕郎從壽左正言 瓊后貫河濱居達
城

尹裕後 字慶餘號雙栢堂生 中宗辛巳進士官庶尹 贈左承
旨父進士珍靈平公湯老孫貫坡平居永川

林挺樹 進士父大提學 珪叅判壽昌孫吏判命山曾孫恭惠公
整后貫平澤

金洎 進士見龍榜

劉德蓋 進士見龍榜

李珙 進士見龍榜

元年戊辰增廣榜

金紬 字順卿號璞齋生　中宗丁亥進士官洗馬享伊陽院父叅奉嵩年文忠公宗直孫貫善山居高靈

李介立 字大仲號省吾堂生　明宗丙午進士官縣監　贈兵叅享義山院父忠義衛　竣文靖公達衷后貫月城居榮川

朴而文 字伯彬號藍溪生　中宗甲辰進士官叅奉　贈承旨享會山院父進士良佐清白吏柳星后貫順天居陝川

鄭士誠 字子明號芝軒生　仁宗乙巳進士薦叅奉官縣監享鶴岩院父　贈府尹　枓文克公顒后貫清州居安東

李驎 字剛甫號山澤堂生　中宗己亥進士薦叅奉享司堂祠父部將禹年郡守汝信后貫星山居星州

權東美 字子休號石亭生　中宗乙酉進士官縣監父忠定公橃　贈領相士彬孫貫安東居安東

己巳謁聖榜

同年式年榜

李根東 生　仁宗乙巳進士父縣令儉校文忠公崇仁后貫星州居金泉

金允誠 字景純生　中宗丁亥生員父叅奉澤民生員萬枰曾孫文節公淡玄孫貫禮安居榮川

庚午式年榜

琴應壎 字壎之號勉進齋生　中宗庚子進士官縣監父訓導梓享洛川祠太學士儀后貫奉化居禮安

曺希益 字君望生 中宗壬寅生員父叅贊允愼翰林孝淵孫翰林致虞曾孫襄平公益淸后貫昌寧居永川

李慶弘 字伯兢號諱齋生 中宗庚子生員官叅奉享栢谷祠父丞旨光軫文節公行后貫驪州居密陽

黃謹 進士官叅奉父權管嗣宗翼成公喜后貫長水居密陽

許國禎 字子堅號畝憂堂生 明宗戊申進士父訓導仁壽禮判彥龍后貫金海居金海

金世諧 字世元生 明宗甲寅進士父進士逸驪校理度信后貫金海居密陽

李東白 進士父進士貞春執義彥沉孫獻納士澄后貫星山居高靈

金漢龍 字光虎生 中宗己丑進士官正郎父達渾文莊公台瑞后貫全州居義城

白鸞 生 明宗庚子大提學仁寬玄孫貫水原居玄風

吉誨 進士見龍榜

李慶雲 字天休號道庵生 中宗丙申生員父大鯤文烈公兆年后貫星州居密陽

壬申春塘臺榜

崔應斗 字汝極進士官叅奉父進士 漣戶叅光門孫承旨敬忠曾孫贊成 淸后貫慶州

中沃 字世現號三宜進士官訓導父參奉敬宗戶參道之玄孫
壯節公崇謙后貫平山居盈德

鄭光周 字君弼號樵隱生 中宗辛丑進士官佐郞父參奉希洋
縣監闓孫靖節公 規后貫東萊居軍威

同年別試榜

癸酉式年榜 一所漢城府刑判成世章刑參朴大立
二所成均舘判尹吳祥中樞府事朴啓賢

鄭四勿 字亦顔號昆峯生員 贈直長父參判三畏判書光厚后
貫迎日居慶州

權宇 字定甫號松巢生 明宗壬子進士官師傅 贈承旨享
鏡光院父贈執義大器軍資正㷧孫貫安東居安東

盧景佖 字懼中號櫟亭生 明宗甲寅進士薦察訪享文山院父
進士守誠貫安東居善山

南致亨 字養仲號龍溪生 中宗庚子生員參判敏生后貫英陽
居豊基

金聃祺 字頑叟生員父參奉關石義城君龍庇后貫義城居金山

李終剛 字上擧生 中宗丁酉進士父生員文台松安君子脩后
貫眞寶居安東

同年謁聖榜

郭(朱)趪 字可靜號松竹軒生員父翰林之雲參奉 玶孫副司正
承陽曾孫濤山吏安邦玄孫正毅公 鏡后貫苞山居玄風

李善長 字汝元號龍潭生明宗辛亥進士父叅奉希侗松安君子脩后貫眞寶居安東

甲戌別試榜

丙子式年榜

一所漢城府兵判金貴榮吏判朴啓賢二所成均舘判尹沈守慶右尹尹毅中監察白惟讓

安潤身 字子粹號櫟叟生明宗癸丑進士父忠順衛應春校理宙后貫廣州居慶州

張遴 字汝逢號畏軒進士父察訪文瑞忠莊公思儉后貫順天居比安

朴陽復 字希元號芝谷生明宗辛亥進士父吏佐虎察訪揚武后貫密陽居淸道

同年別試榜

李以老 字純序生中宗甲午生員官察訪父大壯禮佐龜后貫慶州居昌寧

朴思誠 字汝純號月溪進士父訓導泳進士從阜玄孫定憲公成陽后貫咸陽居義城

安憙 進士見龍榜

金澤龍 進士見龍榜

黃曙 進士見龍榜

丁丑謁聖榜

李允信 字一誠號余美齋生 明宗庚戌進士官郡守錄扈聖 原從功父主簿善道進士 完孫貫眞寶居寧海

己卯式年榜

朴澡 字子濯生 明宗辛亥進士父大諫承任 贈吏叅珩 孫文正公尙衷后貫潘南居榮川

李榮閶 字義伯進士父叅奉昌孝評理仁挺后貫月城居醴泉

鄭仁濬 字德淵號龜潭生 明宗辛亥進士父持平 保襄烈公 仁卿后貫瑞山居陜川

金安節 字子亨號滄涯生 明宗甲寅進士亨花岩院父修義副 尉宗善典書元理后貫商山居尙州

南勇錫 字不懼進士父承旨 俶剛武公 闇后貫宜寧居咸昌

鄭而龍 字見卿生 明宗壬戌進士官叅奉 贈掌樂院正享東 山祠父叅奉國成判官澤后貫晉陽居尙州

朴士愼 字景鉉號竹齋生 明宗甲寅進士官都事父叅奉磷 校理英孫后貫密陽居永川

金致三 字一之號道淵亭生 明宗庚申進士官叅奉享栢洞祠 父副司果 鏘文愍公馹孫后貫金海居淸道

黃是 生員見龜榜

庚辰謁聖榜

秋　蘆　字華根號遯庵生　明宗丙寅進士官舍人父忠壯公水鏡文憲公　適后貫秋溪居大邱

朴世杰　字子善號吾山進士文齊公忠佐后貫咸陽居星州

尹仁浹　字德深號牙岩生　中宗辛丑進士父叅奉應壁牧使宗孫昭靖公　坤后貫坡平居達城

壬午式年榜

金得礫　字致精號道峯生　仁祖乙巳進士父彥璉進士居石后貫光山居安東

鄭而弘　字彥毅號主一齋生　明宗戊戌進士官直長父　贈吏叅殷成判官　澤后貫晉州居尚州

黃秀奎　字文卿號翠軒生　中宗戊戌居生員官察訪父僉正士傑　贈贊成希聖孫貫昌原居豊基

張　湝　字汝澄號鹿野堂生　明宗庚戌進士父叅奉鼐任叅奉世武孫丹山君允和后貫丹陽居榮川

李信吉　字慶立號墨菴生　明宗辛亥進士　贈左承旨父教官成逵文烈公兆年后貫星州居陜川

崔臣鄰　字鄰哉進士父三聘貞武公震玄后貫月城居慶州

金大賢　字希之號悠然堂生　明宗癸丑生員官縣監　贈吏叅享鷗湖院父　贈左承旨肯農文靖公義貞孫貫豊山居

安東

呂允恕 字士推號白眉生 明宗癸丑生員父參議 沉 持平希臨孫工判克誨后貫星州居星州

林德信 字敬友進士父左承旨有名進士挺樹孫恭憲公 整后貫平澤居盈德

朴湜 字清仲生 明宗乙丑生員父軍資正良國定憲公成陽玄孫貫咸陽居義城

鄭經世 進士見龍榜

李埈 生員見龍榜

趙翊 生員見龍榜

癸未謁聖榜

同年別試榜

朴亨仝 字通伯生 中宗壬寅進士父僉正乙祥進士慮文孫縣監士良玄孫大提學徽之后貫月城居慶州

朴廷璧 字君明生 中宗庚子生員父 潤 郡守繼祖孫訓諫院事 㵎曾孫貫高靈居高靈

鄭麟厚 進士官察訪父縣監公清校理以僑孫判書光厚后貫延日居金泉

同年庭試榜

金應井 字天經號遯齋進士官別座父衆奉致雍判書將有后貫
慶州居高靈

甲申春塘臺榜

乙酉式年榜

鄭宜藩 字衛甫號栢岩生 明宗庚申生員 贈吏衆享世德祠
父剛義公世雅參奉允良孫知奏龔明后貫延日居永川

辛慶益 字士龍生戊辰進士父兵使應基府使輔商孫侍中碩
后貫寧越居安東

文景虎 字君燮號嶧陽生 明宗丙辰生員官察訪享河南院父
應洙判書璡后貫南平后陝川

成安仁 進士父衆奉 續訓導翼仝曾孫縣監 踁后貫昌寧居
昌寧

韓聲振 字可遠號松隱生 明宗己酉生員父掌令克復典法判
書哲冲后貫清州居陜川

裵龍吉 進士見龍榜

同年別試榜

丙戌謁聖榜

同年別試榜

全應斗 字天樞號松坡生 中宗辛卯進士父叅奉 珀司直希
哲孫版圖判書佑后貫沃川居榮川

徐胤 生員父叅奉達直長漢遠孫牧使 浮曾孫貞平公鈞
衡后貫達城居大邱

同年重試榜

戊子式年榜

洪祉 字士遐生 明宗壬戌生員父判官允順判中樞彥修后
貫南陽居星州

都世龜 字士龍生 中宗丁亥生員父應震兵佐 衛曾孫星山
君陳后貫星州居星州

李庭栢 字汝直號樂琴軒生 明宗癸丑生員官叅奉享流岩社
父希殖松安君子脩后貫居安東

李亨男 字嘉仲號松溪生 明宗丙辰進士官叅奉父 濟松安
君子脩后貫眞寶居安東

李宗文 字學可號洛浦生 明宗丙寅生員官縣監 贈左承旨
父叅判慶斗貫全義居達城

金蕃 字昌仲號梅墩生 明宗辛亥進士享華江院父引儀夢
丁叅奉 璧孫順忠公宣弓后貫善山居善山

李慶承 字叔兢生 明宗癸丑進士父進士光軫文節公 行后
氏驪州居密陽

金垓　進士見龍榜

曺友仁　進士見龍榜

己丑增廣榜

權淳　字和甫號梅塢生員官縣令　贈吏判父郡守景虎戶判續孫大憲敏手曾孫貫安東居咸昌

權景龍　字施伯生員父府使紹校理達手孫檢校僖后貫安東居咸昌

文璉　生戊辰進士父秀民忠宣公益漸后貫南平居善山

權杠　字公擧號方潭生　明宗丁卯進士官洗馬　贈持平享雲溪院父訓導臣遇副正通義后貫安東居安東

金勮　字時敏生　明宗丁巳進士官參奉父副正士熙　贈左承旨佐孫文節公　淡玄孫貫禮安居醴泉

全湜　進士見龍榜

河受一　生員見龍榜

庚寅增廣榜

金翌　字顯甫號愚岩生　明宗丁未生員官參奉父彦璞進士用石后貫光山居安東

權　旭　字景初號梅堂生　明宗丙辰進士官叅奉享鳳山院父縣監審言縣監　檥孫判書轫后貫安東居醴泉

李　輔　字景任號南溪生　仁宗乙巳進士薦叅奉官府使享松湖院父教授貞孫延城君末丁后貫延安居軍威

裵大維　進士見龍榜

金　憲　進士見龍榜

辛卯式年榜

金　堈　字器仲號雪厓生　明宗戊午進士孝薦察訪父生員富信贈戶叅綏后貫光山居禮安

金　枰　字孝平號克齋生　明宗癸亥生員父生員富信貫光山居禮安

辛邦楫　字汝濟號永慕堂生　明宗丙辰生員父嘉善　泰判書斯蕆后貫靈山居靈山

柳　凝　進士父虞侯盈提崑山府院君益貞后貫文化居密陽

金慶建　字善遠進士官叅奉父校尉　琳領相彥沉孫翼元公士衡后貫安東居安東

李天封　字叔發號白川生　明宗丁卯生員薦都事父　忱大憲興門后貫京山居星州

張悌元　字仲順號深谷生　明宗丙辰進士　贈司僕正享鳳林院父進士　昫將仕郎　沆孫貫仁同居仁同

李義遵 字宜仲號寒厓生甲戌生員官直長父得春松安君子脩
后貫眞寶居安東

金克諧 字和伯生 明宗己未生員官佐郎父府使逸駿校理庾
信后貫金海居密陽

李日章 進士見龍榜

朴光先 進士見龍榜

同年別試榜

壬辰義州別試榜

金俊明 字乃克號明齋生 明宗壬戌進士父 祉持平德善孫
侍中 椿后貫義城居永川

癸巳全州別試榜

同年庭試榜

甲午庭試榜

同年別試榜

乙未海州別試榜

同年別試榜

曹時亮　生員見龍榜

朴自裉　字圭老號薇山生員官承旨父校理承黃凝原君安世孫忠莊公啓賢曾孫文景公忠元玄孫貫密陽居英陽

丙申庭試榜

丁酉別試榜

同年庭試榜

景容　字子粹號明庵進士官奉事進士承明后貫泰仁居順興

同年重試榜

同年謁聖榜

己亥庭試榜

同年別試榜

文傑　字士豪號思庵生中宗甲辰生員父通宣郎三鳳忠宣公益漸后貫南平居河東

尹大承 進士父部將滉進士湯輔孫文肅公瓛后貫坡平居星州

金彥國 字伊彥號鳫圃生　明宗乙卯進士承旨世準曾孫貫金海居慈仁

文德龍 字士見生己巳進士父叅奉益宣忠肅公克謙后貫南平居陝川

庚子別試榜

李虎臣 字和彥號慕軒生辛未進士享司堂祉父進士[illegible][illegible]山伯能一后貫星山居星州

李沉 生己卯進士父進士世英通訓恂后貫安居陝川

李光軫 進士見龍榜

辛丑式年榜

丁酉庚子兩式年今始退行　投壁浮洞　龍門賞雪

金止善 字逢吉號樊溪生癸酉進士官都事父敏節公玎佐郎士文孫文節公淡后貫禮安居榮川

南太白 字士仰號魯匡生　明宗己未生員享公山祉父正郎守宗叅判敏生后貫英陽居豊基

金愢 字尊中號盤澗生　明宗甲子父生員得龜生員以礪孫忠介公公濟后貫善山居安東

蔡夢硯 字靜應號投岩生　明宗辛酉進士孝　贈吏議享嘯岩院父　贈執義定國貞義公貴河后貫仁川居大邱

洪以成 字就夫生 明宗辛酉進士父縣監 磌 貫南陽居奉化

郭䞭 字靜甫生戊辰進士官叅奉父生員 瀚判官 保孫 縩
訪孟元曾孫苞山君 郛后貫玄風居榮川

李徽音 進士見龍榜

權啓 進士見龍榜

鄭維藩 進士見龍榜

吳汝機 進士見龍榜

壬寅謁聖榜

同年別試榜

沈淸 字千一號碧節生 明宗甲寅進士官奉事父主簿鶴齡
典理判書元符后貫靑松居靑松

金大欽 字正淑號松亭生丙子進士薦叅奉 贈正憲謚忠貞享
老德院父 贈工叅明斗禮判 寬后貫慶州居慈仁

癸卯庭試榜

同年式年榜

李㙉 字叔載號月澗生 明宗戊午生員逸洸馬亭玉成院父 左承旨守仁府尹 堰后貫興陽居尚州

黃有詹 字君省生戊寅生員父貞翼公 暹同敦寧應奎孫右贊 成士祐曾孫大相石柱后貫昌原居豊基

宋國軾 進士父進士仁杲生員 淵孫延安君光彥后貫延安居 陝川

權宬 字成甫號溪園生丁丑父 贈執義大器軍資正 㦤孫 貫安東居安東

權宏 字仁甫號震峯生乙亥進士官副率錄昭武寧社兩功父 贈執義大器軍資正 㦤孫貫安東居安東

諸葛櫓 字濟海進士 贈左承旨父 贈兵判 灝貫南陽居玄 風

趙靖 進士見龍榜

金進 生員見龍榜

乙巳增廣榜

金昌祖 號藏庵生辛巳進士官禁都父 贈吏叅大賢文靖公義 貞孫工叅揚震玄孫貫豊山居榮川

鄭之僑 字聖汝號龍谷生 中宗丙寅進士父夢說襄烈公仁卿 后貫瑞山居金山

權應生 字命世號魯軒生辛未進士官縣監父叅奉士毅郜守德 㦤孫文靖公希正后貫安東居慶州

張繼勳 字克家號素貞生壬申進士父護軍胤禧校理孟羽玄孫安襄公末孫后貫仁同居柒川

安璹 字侍而號樂園生壬申進士官正郎父生員餙慶貫廣州居密陽

金仁好 字克賢生己卯進士陞通訓父牧使 江齊[illegible]公 [illegible]后貫慶州居義城

金瀁 字汝源號陽灘生甲戌進士父錫胤參奉 箴孫吏參匡佐玄孫和義君起后貫善山居善山

徐億 字敬民進士父參奉希福進士叔元會孫貫達城居永川

高仁繼 進士見龍榜

曺挺立 進士見龍榜

同年庭試榜

丙午增廣榜

趙光璧 生明宗丙午進士薦察訪父壽福判官 琛曾孫豊壤府院君遂后貫豊壤居尚州

孫處約 字希魯號梅亭生 明宗丙辰進士父宣務郎 遂縣監致雲孫翰林肇瑞后貫一直居密陽

趙基遠 字景進號樵隱生甲戌生員薦教官官縣監父寺正 靖刑佐 夏后貫豊壤居尚州

同年式年榜

李 擘 字巨卿生戊辰進士父縣監庭檜縣監希顏孫松安君子脩后貫眞寶居安東

朴檜茂 字仲植號六友堂生乙亥進士官察訪壽陞通政享山泉院父都事漉大諫承任孫文正公尙衷后貫潘南居榮川

金繼宗 字孝叔生明宗丁卯進士贈軍資正父進士顯進士溟孫判官係權后貫安東居禮安

朴希蕃 字茂叔號松庵生甲申進士父叅奉文弼將仕郎春東孫通德郎俊敏曾孫司諫光佑后貫密城居密陽

申適道 字士圭號虎溪生甲戌進士官叅奉贈吏議享丹邱院父贈都承旨仡贈吏議元祿孫貫鵝洲居義城

趙弘遠 字敬毅生癸未進士父奉常寺正靖刑佐夏后貫豊壤居尙州

宋廷伯 字公輔號晴庵生戊辰進士父贈吏議賓貫淸州居金海

韓 會 字汝極生乙酉生員官吏正父生員聲振典法判書哲冲后貫淸州居陜川

姜 渫 字淨甫號南窩生癸未進士父叅奉澪老殷烈公民瞻后貫晋州居金山

朴 儞 字士宣號默齋生己丑進士父巡撫使從男叅奉應禧孫贈工議敏樹曾孫縣監德雍后貫月城居義興

嶠南科榜錄榜司馬卷之一　三十七

朴昌先 字克述號梅軒生戊寅生員錄宣武原從功父主簿廷璠 判官瀹孫郡守繼祖曾孫貫高靈居高靈

金是樠 進士見龍榜

朴敦復 進士見龍榜

辛億齡 生明宗己酉生員父郡守世瑚靈山府院君革后貫 靈山居大邱

康凝 生員父虞候希侃弼善愼玄孫信成府院君之淵后貫 信川居善山

池淵 字浩成號一淸進士官縣監父府使守泓監司彥邦孫進 士漢根曾孫貫忠州居慶山

鄭榮世 字景華進士父參奉而龍判官澤后貫晋陽居尙州

金尙宓 字靜仲生癸酉進士官府尹陞嘉善父都正克孝太師 宣平后貫安東居安東

光海時戊申別試榜

元年己酉增廣榜

孫禟 字汝受號鼎翁生宣祖丁卯進士贈左承旨父參奉 興孝貫慶州居尙州

鄭樗 字和汝生宣祖庚午進士父鳴世判官澤后貫晋陽 居尙州

高展雲　字以龍號眉岩生　明宗乙丑生員父訓導應擎萬戶碩仝玄孫府尹得宗后貫濟州居善山

鄭應精　字義伯號西窩生　中宗甲午生員壽陞通政父通德郎霖兵正景祐孫學諭　輝曾孫貫延日居比安

金慶祖　號深谷生　宣祖癸未進士官縣監父贈吏叅大賢文靖公義貞曾孫工叅揚震玄孫貫豊山居榮川

李𡼏　字執卿生　宣祖丙戌生員父光後松安君子脩后貫眞寶居安東

朴樅茂　字季直號三樂堂生　宣祖壬午進士享山泉院父都事滌大諫承任孫文正公尚衷后貫潘南居榮

黃有吉　字善叔生　宣祖甲戌生員官判官陞通政父貞翼公暹司敎寧應奎孫右賛成士祐曾孫貫昌原居豊基

張汝華　字茂甫號砂溪生　明宗丙寅進士享雲谷院父贈刑議禧生員應臣孫安襄公末孫玄孫貫仁同居榮川

李洞　進士見龍榜

李苙　進士見龍榜

鄭弘緒　進士見龍榜

李慕　進士見龍榜

庚戌式年榜

國朝科榜錄司馬榜卷之一　三十八

柳　袗　進士見逸蓭

郭慶興　字汝兢號九居堂生　宣祖己巳生員父宗吉淸白吏安邦后貫苞山居玄風

李春茂　生　宣祖壬午生員父庭生生員胤黃孫松安君子脩后貫眞寶居安東

李時淸　字和叔生　宣祖庚辰進士父縣監涵承旨殷輔孫副提學孟賢玄孫進士午后貫載寧居寧海

權尙達　字達甫生　宣祖丁亥生員父奉事旭縣監審言孫判書剟后貫安東居醴泉

李大進　進士見龍榜

李之華　進士見龍榜

金　寧　進士見龍榜

權　奐　進士見龍榜

權　濤　進士見龍榜

鄭維垣　字季輔生　宣祖乙亥生員　贈兵議父寺正堯臣校理以僑后貫迎日居金山

同年別試榜

辛亥別試榜

權潗 進士見龍榜

壬子式年榜

柳元亮 字景明生 宣祖庚寅進士父洗馬㙯 文敬公雲龍后貫豐山居安東

姜大適 字學仲號鷗洲生 宣祖甲午進士官師傅父禮判 翼殷烈公民瞻后貫晋陽居陜川

李鉽 字衛甫號松川生 宣祖乙亥生員父同中樞仲年良靖公樺后貫全義居安東

李挺南 字秀彥號缶川生 宣祖己巳進士官掌樂正父習讀天授良敬公堰后貫興陽居義興

劉敬甲 字一初生 宣祖庚午進士 贈樂正父正字德益都事友參孫貫居昌居居昌

金鋻 字應久生 宣祖庚寅生員父察訪幾善敏節公 玏孫文節公淡后貫禮安居榮川

郭𤥙 字仲珍生 宣祖丙戌進士父叅奉 嶒生員 瀚孫判官保會孫苞山君郛后貫玄風居榮川

李敬遵 字伯憲號石南生 宣祖甲戌進士父直講逢春 贈吏議希聖孫松安君子脩后貫眞寶居安東

李宜潛 字炳然號守拙堂生 宣祖丙子進士官縣監享杜谷影堂父 贈承旨應仁文元公彥迪孫貫驪州居慶州

權以伋 字思仲生員官察訪父縣令淳郡守景虎孫戶判纘曾孫大憲敏手玄孫貫安東居咸昌

李晋哲 進士見龍榜

全克恒 進士見龍榜

李宜活 進士見龍榜

蔡楙 進士見龍榜

孫胤業 字子述號虛齋生 宣祖戊辰生員父嘉善景智叅奉昕孫都總管安懋后貫昇山居尙州

癸丑謁聖榜

同年增廣榜

朴思義 字仁汝進士父茂生忠貞公審問后貫密陽居永川

郭有道 字桊之生 宣祖丁丑生員父正郎 趁叅奉之霖孫清白吏安邦后貫苞山居玄風

崔東彥 字聖求號白沙進士薦都事父僉使繼宗司成 洒后貫月城居慶州

李成業 字乃榮生 宣祖丁丑進士父汝文文順公奎報后貫驪州居義興

趙咸英　字挺夫生　宣祖庚寅進士父郡守亭道貞節公　旅后貫咸安居青松

郭涌　字汝達號柳溪生　宣祖戊寅生員父再謙清白吏安邦后貫苞山居大邱

高尙顔　進士見龍榜

趙又新　進士見龍榜

權濬　進士見龍榜

甲寅全州別試榜

乙卯式年榜

金希安　進士父縣監沃壽大司憲永貞后貫金海居尙州

柳義男　字宜彥號芝谷生　宣祖癸未進士官參奉父河龍仲淸孫貫豊山居安東

晋大鳳　字國祥號忍窩生　宣祖甲午生員貫南原居榮川

裵繡　字文如生　明宗丙寅生員父　贈左承旨　赫貞節公克廉后貫星山居星州

李悰　字公直號乖庵生　宣祖丙子進士享臨湖祠父從仕郎介臣主簿應參孫永陽君大榮后貫永川居河陽

金光輔 字以道號龍門生 宣祖丁亥生員 贈司僕寺正父檢閱 垓文純公富弼孫貫光山居禮安

同年謁聖榜

丙辰增廣榜

一所漢城府禮判李爾瞻刑判李慶全二所太平館判敦寧閔夢龍兵叅李 覺相禮梁克選

金秋任 字萬說號畏棲菴生 宣祖壬辰生員官叅奉父 贈左承旨 璞縣監得可孫副提學字宏會孫貫義城居尙州

金繼 字景胤生 宣祖己巳生員父之岱司成 冲孫兵議謙后貫商山居尙州

朴瞰 字明淑號吾卒子生 宣祖丁丑生員父都正士愼校理英孫后貫密陽居永川

崔東 字鎭仲號臺岩生 宣祖丙戌進士官大君師傅父縣令誠監察宗沃孫匡靖公 鄲后貫月城居大邱

裵弘祐 進士見龍榜

李汝翊 進士見龍榜

同年謁聖榜

同年別試榜

白興元 生員父進士 鸞大學仁寬后貫水原居玄風

丁己謁聖榜

黃震龍 字伯見號龜山生 宣祖甲辰進士父護軍河潤生員銓孫進士英老曾孫貫德山居善山

李忠可 字可移號澄心亭生 宣祖乙亥進士父縣監 軫延城君末丁后貫延安居軍威

李澤龍 字季確號梅圃生 宣祖戊子進士父持平東禮·獻納士澄后貫善山居高靈

郭瀏 字彥浩生 宣祖丁酉生員父再祺清白吏安邦后貫苞山居玄風

蔡先見 字明甫號兩傳軒生 宣祖甲戌進士官參奉享西山院父進士應麟參奉泓孫貞義公貴河后貫仁川居大邱

吳益熀 字而晦號誠齋生 宣祖己亥進士壽陞嘉善父校理汝橃副正潛孫牟陽君季孺后貫高敞居榮川

李崇彥 進士見龍榜

李慶遠 生員見龍榜

李榮久 生員見龍榜

戊午庭試榜

李覺民 字希尹號南厓生 宣祖己卯進士 贈寺正父司果應吉孝寧大君 補后貫全州居咸昌

同年增廣榜

金瑍 字德温號復初堂生 宣祖乙酉生員父義元副正富春孫襄景公承霑后貫順天居禮安

金應鳴 字而遠號翠竹堂生 宣祖癸巳進士享南川院父遇錄判書乙軺后貫慶州居慈仁

郭嶙 字景秀號菊軒生 宣祖丁丑生員父贈工議再定府使趕孫淸白吏安邦后貫苞山居玄風

李渫 字克淸生 宣祖己亥生員父僉正云吉良靖公 樺后貫全義居安東

朴曾孝 字仲順號洗心堂生員父 點校理英孫后貫密陽居永川

李時幹 字孟堅號慕岩生員父司勇 舶提學胤玄孫貫固城居義興

鄭號 字器古號東湖進士父師傅克後判書光厚后貫迎日居慶州

李睭 字輝遠生 宣祖丙申進士官叅奉父通善郎宜潤文元公彥廸后貫驪州居慶州

同年式年榜

己未水原松都別試榜

同年庭試榜

崔東岦 字鎭伯號茶川生 宣祖乙酉生員父縣令誠監察宗沃孫匡靖公鄲后貫月城居大邱

李善綱 字士兼生 宣祖甲午進士父生員文台叅奉希侗孫松安君子脩后貫眞寶居安東

梁希曾 號愚齋進士官郡守父潤文襄公誠之后貫南原居義城

李大圭 字混成生 宣祖癸未進士官縣監父文簡公埈執義堰后貫興陽居尚州

同年庭試榜

庚申庭試榜

辛酉庭試榜

金必慶 字公叔號石灘生 宣祖辛未進士父世光縣監成鼎玄孫判書爲后貫遂安居盈德

盧碩命 生 宣祖癸巳生員父郡守道亨父簡公守愼曾孫貫商山居尚州

金復初 字伯明進士父夢說獻納成慶孫貫善山居善山

俞命三 字天佑號松窩生 宣祖己卯進士官叅判父宣敎郎杭景安公汝霖后貫杞溪居盈德

沈瀷 字純夫號晩松生 宣祖戊寅進士官吏叅父主簿自春典理判書元簿后貫青松居丹城

洪慶先 字健叔號道南生 宣祖癸酉進士父五紀大學 載后
貫豐山居草溪

蔡仁復 字克夫號松堂生 宣祖甲午生員父進士之經貞義公
貫河后貫仁川居大邱

仁祖元年癸亥謁聖榜

同年庭試榜

同年式年別試合試榜

尹晴 進士父湯佐縣令龜齡孫 贈吏判 熺曾孫 贈領相
承禮后貫坡平居昌寧

金聲斗 字台甫生 宣祖戊寅進士父履煥府使光旭后貫金海
居慶州

甲子公州庭試榜

同年增廣榜

鄭堅 字載甫生 宣祖乙巳進士薦叅奉父師傳克後判書光
厚后貫迎日居慶州

黃臥龍 字仲見號聚星堂生 宣祖丙午生員父護軍河潤貫德
山居善山

權溱 字子深號野逸生 宣祖辛未生員父進士應星忠愍公
山海后貫安東居醴泉

張健 字而順號老溪進士父僉使日新忠莊公思儉玄孫貫順天居義城

申景楫 字利行生 宣祖丁未進士壽通政父守沆判官元淙孫正言枰后貫高靈居高靈

李爾樟 字子章生 宣祖甲午進士父進士敬遵直講逢春孫松安君子脩后貫眞寶居安東

李擧 字憲卿生 宣祖丁酉進士 贈執義父生員庭栢松安君子脩后貫眞寶居安東

南磼 字卓夫號由由軒生 宣祖壬辰生員官縣監 贈戶叅享鳳岩祠父 贈承旨隆達判書暉珠后貫英陽居安東

李明遠 字誠伯號寒棲軒生 宣祖癸未生員壽通政父內資寺正欽良靖公樺后貫全義居安東

金元浚 字聖亨號慕庵生 宣祖丙申生員父副司果得常鷄城君應昌孫齊肅公秵后貫慶州居草溪

鄭元升 字汝善號石室生 宣祖戊戌生員父 贈吏議紐城校理以脩后貫延日居金山

金以謙 字巹仲號圓庵進士父通德郎廷稷進士聃祺孫貫義城居金山

金項 進士見龍榜

盧峻命 進士見龍榜

金宗一 進士見龍榜

韓克述　生員見龍榜

韓克昌　進士見龍榜

朴安復　生員見龍榜

鄭維藩　字康侯號鶴洞生　宣祖癸未生員父恕　贈吏判龜齡后貫東萊居安東

乙丑別試榜

權崇矩　字叙汝生光海己酉進士父參軍贇進士叔均玄孫判書翗后貫安東居安東

權任矩　字繼余生光海庚戌生員父參軍贇進士叔均玄孫判書翗后貫安東居安東

丙寅別試榜

同年庭試榜

同年重試榜

丁卯全州庭試榜

同年江華庭試榜

同年庭試榜

同年式年榜

李德圭 字汝潤生 宣祖戊戌進士官別提父洗馬 瑛執義 堰后貫興陽居尙州

金 璪 字伯温號風雷叟生 宣祖戊辰進士官副護軍 贈左承旨父縣監得可副提學宇宏孫義城君龍庇后貫義城居安東

鄭慤世 字景式號竹軒生 宣祖丁酉進士官參奉享東山祠父參奉而龍判官 澤后貫晋陽居尙州

金遠振 字士宣號止淵生 明宗己未生員父戶正 迺洛城君先致后貫商山居尙州

崔震釆 字重彬進士父吏議 衛左尹海雲后貫慶州居尙州

李守龍 號醉竹進士父進士東白進士貞春孫獻納士澄后貫星出居高靈

張慶遇 字泰來號晚悔堂生 宣祖辛巳進士逸參奉 贈左承旨享東洛院父 贈工參乃範忠貞公安世后貫仁同居仁同

張龍遇 字雲卿號丹溪生 宣祖丙申生員 贈掌樂正父進士汝華贈刑議壽禧孫安襄公末孫后貫仁同居榮川

川

李元圭　進士見龍榜

申弘望　進士見龍榜

戊辰別試榜

同年別試榜

金鏡　字明甫號愚軒生宣祖丙午生員父 贈都事 啓直 長禮復孫文靖公李貞后貫善山居比安

李時明　字晦叔號石溪生宣祖庚寅進士薦叅奉父縣監 涵 副提學孟賢玄孫貫載寧居寧海

沈光世　字德卿生宣祖戊戌進士官叅奉父縣監 惟忠惠公連源后貫靑松居醴泉

南矴　字君定生宣祖戊戌生員父興達察訪應元孫叅判敏生后貫英陽居安東

李瑜　字孟潤號星國生宣祖庚寅進士父進士虎臣星山伯能一后貫星山居星州

郭昌一　字大始號景三軒生宣祖戊戌生員官叅奉父 贈戶正履常忠烈公 越孫淸白吏安邦后貫苞山居玄風

徐景霱　字景來號鳳隱生宣祖甲辰生員父通政慶期內禁衛平國孫生員湯蓂玄孫貞平公鈞衡后貫達城居眞寶

蔡之經 字大任號梅岡生 宣祖壬申進士父 檢都事先容孫
貞義公貴河后貫仁川居大邱

己巳別試榜

尹弘宣 字伯任號塤齋生 宣祖癸酉進士享景洛院父 瑗判
書尙著后貫坡平居善山

李廷相 生員見龍榜

庚午式年榜

洪柱一 進士見龍榜

金起慶 字時化號商隱生 宣祖己亥生員父叅奉致三文懸公
駙孫后貫金海居尙州

崔衛南 字子城生光海辛亥生員父師傅東巢貫月城居大邱

黃元龍 字叔見號石溪生光海庚戌進士父河潤貫德山居善山

金秋吉 字次說號鶴汀生 宣祖癸卯進士官僉樞贈 吏叅父
贈左承旨璪縣監得可孫貫義城居安東

柳稷 字廷堅號百拙庵生 宣祖壬寅進士父友潛 贈吏叅
復起孫提學義孫后貫全州居安東

權搏 進士見龍榜

南天漢　進士見龍榜

李惟碩　進士見龍榜

權尚遠　字遠游號白雲子生　宣祖辛卯進士父　槩忠定公
橃曾孫貫安東居安東

辛未別試榜

朴舜孝　字季順號竹庵生員薦成均有司父　點校理英孫后貫
密陽居永川

壬申謁聖榜

車濟東　字子維號淵氷軒生　宣祖辛巳進士父應周參奉彥濠
孫剛烈公云革后貫延安居尚州

癸酉增廣榜

同年式年榜

李身圭　字用賓號西溪生　宣祖庚子生員父洗馬　墺執義
堰后貫興陽居尚州

全克恬　字幼安號滄洲生　宣祖丁酉進士官監役父忠簡公
湜版圖判書淑后貫沃川居尚州

申履謙　字敬仲號陶原生　宣祖丙午生員父進士　灝文貞公
[illegible]后貫平山居盈德

金應南 字先綱進士父吏叅彦國貫金海居熊川

金灌 生 宣祖辛卯生員父應良吏判益精后貫安東居玄風

金淮 字德淵生員父進士慶建贈領相彦沉曾孫翼元公士衡后貫安東居安東

李皖 字文遠生 宣祖丙申進士官叅奉父郡守宜活判官應仁孫文元公彦廸曾孫貫驪州居慶州

南碩 字君望生 宣祖辛丑生員父興達察訪應元孫叅判敏生后貫英陽居安東

郭弘圭 字子章生 宣祖丙午生員父生員 峰府使 趕曾孫 清白吏安邦后貫苞山居玄風

鄭光漢 字章叔號蒙泉生 宣祖戊子進士父察訪弘緒縣監大民孫同中樞彦男曾孫貫河東居咸陽

南磁 字三夫號無悶堂生 宣祖辛丑生員父 贈左承隆達判書暉珠后貫英陽居安東

李之馨 字汝薰生 宣祖丁酉生員官縣監父叅奉宗澤貫全義居達城

金履善 字而吉生 宣祖庚寅生員父叅奉 勷副正士熙孫文節公 淡后貫禮安居醴泉

鄭維地 進士見龍榜

黃立信 生員見龍榜

李尙彥　進士見龍榜

鄭繼胄　生員見龍榜

呂孝曾　進士見龍榜

金以載　進士見龍榜

甲戌別試榜

趙佾　字子文生光海丁巳進士官叅奉父典籍又新漢山君仁沃后貫漢陽居尙州

金翊龍　字元昊生宣祖丙午進士父護軍行一盆城君遵榮后貫金寧居尙州

乙亥謁聖榜

同年增廣榜

權尙吉　字子貞號南谷生光海庚戌進士父瓚太師公幸后貫安東居寧海

李見龍　字誠伯號竹圃生宣祖庚辰進士薦師傅父持平東禮獻納士澄后貫星山居高靈

金錕　生員見龍榜

金念祖 號鶴陰生 宣祖乙丑生員官典籤錄原從功 贈左承
旨父贈吏叅大賢文靖公義貞曾孫叅判揚震玄孫貫
豊山居榮川

蔡之湖 字油然生光海甲寅生員父都事 模進士應龍曾孫貫
仁川居大邱

金銅 字精致號迂叟生光海己酉生員父生員履素叅奉 勱
孫文節公淡后貫禮安居榮川

李延機 進士見龍榜

丙子別試榜

李之莢 字聖葉進士叅判慶斗孫貫全義居達城

黃鐧 字精淑號竹覽生 宣祖癸卯生員官司諫父生員中信
縣監應淸孫忠節公瑞后貫平海居永川

丁丑庭試榜

同年別試榜

戊寅庭試榜

黃漢龍 字雲瑞號西湖生光海戊午生員官禁都父天慶校理
玎后貫平海居慶州

李亘 字萬古號懶聾生光海戊午生員父進士爾樟直講逢春曾孫松安君子脩后貫眞寶居安東

申順家 字亨甫號妙亭生 宣祖乙巳進士父進士忠任貫平山居陝川

己卯謁聖榜

同年別試榜

同年式年榜

姜汝楶 字寬叔生光海甲寅進士父進士 渫殷烈公民曕后貫晋州居金山

朴安欽 字君敬生 宣祖戊戌生員父判校 琈都事善長孫判書義龍后貫務安居榮川

鄭日知 生員父進士榮世判官 澤后貫晋陽居尙州

金應生 字齊衡號沐浦生 宣祖戊戌進士父叅奉鳳華戶判克儉后貫金海居星州

蔡滈(收光)傑 字伯登號是山生光海辛亥進士父 贈吏叅 琳貞義公貴河后貫仁川居達城

辛巳庭試榜

壬午式年榜

宋亨久　字泰而號松隱生　宣祖戊戌進士官察訪父進士思謙
貫楊州居安東

張⿱每氺　字亘源號三優堂生光海庚戌生員享玉溪祠父贈左
承旨慶遇　贈工叅乃範孫忠貞公安世后貫仁同居仁
同

張⿱臾氺　字聖源號南坡生光海甲寅進士逸叅奉享玉溪祠父
贈左承旨慶遇　贈工叅乃範孫忠貞公安世后貫仁同
居仁同

南天老　字潤吾生光海丙辰生員父贈戶叅　礫　贈左承旨隆
達孫判書暉珠后貫英陽居安東

李⿱咨木　字子擎生光海甲寅生員父溟運孝節公賢輔后貫永川
居寧海

韓克成　字誠甫生　宣祖乙未進士父　瑺判書哲冲后貫淸州
居尙州

申灝　字淡若號鏡湖生　宣祖戊子進士父判官經濟文貞公
髕后貫平山居盈德

金光拭　字子晦生光海丙辰進士官郡守父嘉善尙宓太師宣平
后貫安東居安東

李玹　進士見龍榜

南夢賚　進士見龍榜

同年庭試榜

癸未平安道別試榜

甲申庭試榜

同年別試榜

乙酉別試榜

金德蕃 字連執號竹谷生宣祖辛巳進士父進士彥國承旨世準玄孫貫金海居慈仁

柳義男 字宜彥號芝谷生宣祖癸未進士官參奉父河龍判書葆后貫豐山居禮安

申[illegible]慶 字善仲號六懼堂生光海己酉生員父進士灝文貞公贇后貫平山居盈德

丙戌式年榜

李燦漢 進士見龍榜

申埰 字子卿號忍齋生宣祖庚戌進士享丹邱院父贈吏議適道按廉使祐后貫鵝州居義城

柳格 字廷賓生宣祖庚戌生員父友潛贈吏參復起孫提學義孫后貫全州居安東

朴雴 字養初號癡翁生光海庚申生員父生員曾孝校理英孫 后貫密陽居永川

白彭 字子皮號省庵生 宣祖乙巳生員父縣監得仁僉知受 廉孫文簡公文寶后貫大興居寧海

黃克順 字正伯生光海壬子進士官縣監陞通政父進士廷悅右 贊成士祐后貫昌原居豊基

李亨千 進士見龍榜

郭後昌 進士見龍榜

同年重試榜

戊子庭試榜

黃霦 字玉相號于石堂生光海戊午生員父德柔翼成公 喜后貫長水居尙州

具崟 進士見龍榜

金英震 字龍伯號梅竹軒生己巳生員 贈戶判亨光湖社父 贈戶叅以道僉樞成物孫貫金海居醴泉

鄭弘鉉 字元吉號沙浦亭生光海辛酉進士父奉事昌榮靖節公 矩后貫東萊居星州

南亨會 字貳元號塔窩生 宣祖丁未生員父錫圭校尉恒年玄 孫判書暉珠后貫英陽居安東

李亨直 字後白生光海丙辰進士父護軍泰運孝節公贇輔后貫永川居寧海

鄭震卿 字禮伯生宣祖丁未生員父 贈吏叅玄升校理以僑后貫延日居金山

李光圭 字蔚章生宣祖丁未生員父文簡公墢執義堰后貫興陽居尚州

崔鎭南 進士見龍榜

己丑別試榜

郭履信 字繼述生員父司果 遵清白吏安邦后貫苞山居玄風

孝宗元年庚寅增廣榜

許樹民 字汝油生仁祖癸亥進士父縣監 磷正憲公伯琦后貫金海居居昌

辛卯式年榜

李壧 字景瞻號鶴皐生仁祖辛巳進士官叅奉父𠍙 贈祭酒彥适后貫驪州居慶州

南俅 字德心生光海己未進士父振紀 贈工議 祐孫工議佑良后貫英陽居安東

李塼 字大方號蒼洲生光海甲寅進士父 皦文元公彥迪玄孫貫驪州居慶州

郭弘章 字子彬號灌松亭生　宣祖丁未進士父　嶫清白吏安邦后貫苞山居玄風

李朝英 字德耇號杜陵生　宣祖丁未生員父生員　擧松安君子脩后貫眞賓居安東

李文潑 字天源號西峒生光海壬戌進士官叅奉父根遠生員鈇孫良靖公樺后貫全義居安東

李瑜 字仲温生光海己酉進士父北評事之英縣監宗文孫叅判慶斗會孫貫全義居達城

李瓛 字瑩伯生光海戊午生員父縣監之馨叅奉宗澤孫貫全義居達城

黃啓河 字聖運生光海辛酉進士官縣令父司諫　鋼生員中信孫縣監應清會孫忠節公瑞后貫平海居永川

金鈛 字重叔生光海壬子生員叅奉　勴孫副正士熙會孫文節公淡后貫禮安居榮川

李惟防 生員父師傳見龍獻納士澄后貫星山居高靈

申省吾 字日三號竹溪生光海己未進士父府使龜年宣務郎從滄會孫文貞公　贒后貫平山居盈德

朴施兩 字時若號東海翁生光海庚申生員父生員安欽判校綽孫判書義龍后貫務安居榮川

金庭碩 字德卿號沙村生　仁祖甲子進士父持平　頊文貞公宇顒會孫貫義城居星州

李在容 生員見雍榜

郭世翼 生員見龍榜

壬辰增廣榜

都處元 字長卿號默軒生 仁祖庚午生員父大遂兵佐 衡后貫星州居星州

李憘 字壽卿號愚磵生光海辛酉生員父廷玉主簿 珍孫文莊公 混后貫宣城居安東

李珽 字致温進士父進士之莢叅判慶斗曾孫貫全義居達城

柳世翊 字時用號悔窩生光海戊午進士官叅奉父縣監元履文敬公雲龍曾孫貫豊山居安東

辛愉 字和甫號鷺齋生光海乙卯生員父命知有益判書斯蕆后貫靈山居靈山

蔣邦翰 字汝藩號菊軒生光海丙辰進士享華溪祠父思孝文翊公成發后貫牙山居清道

趙咸世 字顯甫號五宜軒生 宣祖丁未生員享德峯祠父營將亨道贈刑叅庭彥曾孫貞節公 旅后貫咸陽居清道

金世華 字源白號清軒生 仁祖甲戌生員父護軍光彍判書爲后貫遂安居盈德

李東溟 生員見龍榜

金璁 進士見龍榜

裵幼華 字華隱號八斯生光海辛亥進士官都事父判官尙益牧使應褧曾孫府使惠后貫星山居榮川

同年別試榜

甲午春塘臺榜

同年式年榜

呂孝思 字述而號月潭生光海壬子進士父贈左承旨燦持平希臨玄孫工判克誨后貫星山居星州

郭壽岡 字鎭翁號梅軒生光海己未生員享梅林院父鴻漸縣監永禧孫淸白吏安邦后貫苞山居玄風

南天祐 字徵吾號何有堂生仁祖戊辰生員父生員磁贈左承旨隆達孫判書暉珠后貫英陽居安東

朴忠基 字國年號溪西生仁祖甲子進士官叅奉父帥察訪檜茂孫大諫承任玄孫文正公尙衷后貫潘南居榮川

申碩重 字子長號菊晩生宣祖壬寅生員父宣務郎誼文僖公槩后貫平山居金泉

權坄 字汝定生仁祖丁丑進士父護軍[illegible]兵正斗南孫檢校僩后貫安東居安東

李世貞 字爾幹生仁祖乙亥生員贈戶叅父贈承旨蔌孝寧大君補后貫全州居咸昌

李震甲 字東彥生光海庚申生員父通德郞超文忠公齊賢后貫慶州居咸昌

柳世哲 字子愚號悔堂生 仁祖丁卯進士官縣監父元直文敬公雲龍曾孫貫豐山居安東

金文斗 字公望進士父僉樞宅俊生員 淮孫翼元公士衡后貫安東居安東

李垷 字景植號慵軒生光海庚申進士官教官父叅奉 皖判官應仁曾孫文元公彦廸玄孫貫驪州居慶州

李逢意 進士見龍榜

朴仁基 進士見龍榜

郭弘棫 字子厚生 宣祖戊戌生員 贈掌樂正父 嶕淸白吏安邦后貫苞山居玄風

乙未春塘臺榜

丙申別試榜

同年重試榜

金壽演 字敬喜生光海壬戌進士父察訪光煌刑叅尙寯孫太師宣平后貫安東居永川

丁酉式年榜

同年謁聖榜

李朝衡 字平仲號致嚴堂生光海己未生員父進士學進士庭 栢孫松安君子脩后貫眞寶居安東

李雅樑 字庇卿生光海戊午生員父廷發主簿珍孫文莊公 混后貫宣城居安東

金衡國 字國均號剡湖生仁祖癸亥生員父進士爗生員富 信玄孫贈吏叅綏后貫光山居禮安

鄭宗周 字山吾生宣祖丁未生員父生員維藩贈吏判龜齡 后貫東萊居安東

鄭文輔 字尚吾號松塢生光海戊午生員父維翰贈吏判龜齡 后貫東萊居安東

李亨萬 字匡世生仁祖癸亥生員父縮大憲興門后貫京山 居星州

李彥眞 字敬日號愼明齋進士官守門將贈兵議享懿烈祠貫 慶州居尙州

顯宗元年庚子式年榜

李翊華 字夏卿號玉川生仁祖己巳進士薦叅奉父惟達師傅 見龍孫猷納士澄后貫星山居高靈

金洪運 字孝元號松軒生仁祖庚辰進士官僉中樞贈判尹 父守承宣傳希尹曾孫判官世權后貫金海居盈德

朴施春 字栄伯號東皐生仁祖己巳生進父通德郞安著判校 琛孫部事善良曾孫判書義龍后貫務安居順興

都竒國 字平甫號養竹齋生光海壬戌生員父世遇兵佐衡孫 星山君陳后貫星州居星州

柳[illegible]輝 字伯春生仁祖癸亥進士父護軍瀰 贈吏叅復起曾孫提學義孫后貫全州居安東

全九倫 字天叙號漁洲生仁祖辛未進士官僉中樞 贈大憲父 贈戶議尙耆竺山府院君元發后貫竺山居龍宮

郭壽嵦 字鎭卿號松潭生仁祖丁卯進士父鴻漸縣監永禧孫淸白吏安邦后貫苞山居玄風

郭世龜 字九疇生光海戊午生員父贈左通禮凈淸白吏安邦后貫苞山居玄風

李在憲 字持世號遠浦生 仁祖辛未生員孝廉叅奉父別提德圭洗馬璵孫執義堰后貫興陽居尙州

金楷 字正則號負暄堂生 仁祖癸酉生員父光灝郡守緝曾孫貫安東居尙州

姜汝榘 字芳叔號述庵生光海庚戌生員父進士渫殷烈公民瞻后貫晋州居金山

安時進 字彦謙號守拙齋生光海壬戌生員 贈左承旨父 贈司僕寺正彰漢司諫靚后貫廣州居密陽

安時退 字子晋生 仁祖甲戌生員父 贈司僕寺正彰漢司諫靚后貫廣州居密陽

李朝鳴 字德輝生光海庚戌進士父生員擧松安君子脩后貫眞寶居安東

李惟樟 字夏卿號孤山生 仁祖乙丑進士薦翊贊 贈吏判享洛淵社主簿珍孫文莊公混后貫宣城居安東

白震興 字志遠號寠翁生 仁祖壬申進士父源發直長民秀孫文簡公文寶后貫大興居寧海

朴滈 字子潤號慵齋生仁祖甲子進士學薦工正父文起敎官瓚孫武毅公毅長曾孫判書義龍后貫務安居寧海

金宗灝 字深源號咸集堂生仁祖庚午進士父通德郞鑽僉正允誼曾孫文節公淡后貫禮安居榮川

金輝斗 字南老號南澗生光海甲寅進士父文貞公坽縣監富倫孫贈戶參綏曾孫貫光山居禮安

李重玄 字士明號雲野生仁祖戊辰生員父廷檽忠簡公民㚟孫貫永川居義城

鄭堯天 進士見龍榜

柳世鳴 進士見龍榜

權霆 進士見龍榜

都處亨 生員見龍榜

金海一 進士見龍榜

權壽朋 進士見龍榜

成甲夏 字慶餘生光海庚申進士父贈副提學以性贈吏判安義孫貫昌寧居榮川

嚴泰章 字肅彬生宣祖戊午進士父士和工議誠后貫寧越居玄風

壬寅謁聖榜

張 錄 字鳴世號訴梅堂生光海壬戌進士官副率 贈戶議父文穆公應一文康公顯光孫貫玉山居仁同

李亨河 字應世生 仁祖庚辰生員父 緇大憲興門后貫京出居星州

李亨運 字聖世號岩齋生 仁祖丙子生員父 緇大憲興門后貫京山居星州

張 璇 字仲文號東皐生 仁祖辛未進士父龍燮 贈刑議壽禧會孫安襄公末孫后貫仁同居榮川

柳世晦 字德昭生 仁祖乙亥進士父元定文敬公雲龍曾孫貫豐山居安東

南天祥 進士見龍榜

癸卯式年榜

李 櫶 字君式號平村進士父亨甲進士 謙后貫慶州居咸昌

李 棫 字汝成進士父都事英甲進士 謙后貫慶州居咸昌

朴施昌 字遇卿號雙白堂生 仁祖庚午進士父宣教郎安學判校 旴孫判書義龍后貫務安居順興

郭元亨 字泰初號松栢軒生 仁祖乙丑生員父叅奉 趄司果璞曾孫淸白吏安邦后貫苞山居玄風

朴惠 字允中生仁祖己巳生員父生員舜孝校理英孫后貫密陽居永川

方夏洙 字春可號新齋進士父副護軍得立判書輪后貫溫陽居永川

李元祐 字士厚生仁祖庚辰進士父察訪道章工議潤雨孫觀察禮孫后貫廣州居漆谷

崔啓基 字汝賢進士貞武公震立后貫月城居慶州

甲辰春塘臺榜

乙巳庭試榜

同年溫陽庭試榜

同年別試榜

丙午式年榜

朴昌宇 字汝宙號槐泉生仁祖丙子生員父忝奉現校理英孫后貫密陽居蔚山

張萬紀 字仁徵號南岡生仁祖己卯進士官副率贈吏議父衛率錄文穆公應一孫文康公顯光玄孫貫玉山居仁同

郭弘城 字子應生 仁祖丙寅進士 贈通訓 父 山集清白吏安邦后 貫苞山居玄風

李元祥 字士休生 仁祖丙寅生員 父察訪道章 工議潤雨孫 觀察禮孫后 貫廣州居漆谷

李琛 字錫吾號蒙庵生 仁祖丙辰進士 逸蔭別檢 父 皦文元公彥迪玄孫 貫驪州居慶州

李垍 字仲堅號溪隱生 仁祖丙子進士 父 皦文元公彥迪玄孫 貫驪州居慶州

金重南 進士見龍榜

金天英 字子挺號栢潭 進士 官學諭 父 忝奉 熹和義君 起后 貫善山居善山

同年別試榜

同年重試榜

戊申別試榜

同年庭試榜

己酉平安道別試榜

同年式年榜

同年庭試榜

金漢斗 字萬瞻生仁祖庚辰進士父憲進士用石后貫光山居奉化

鄭時衍 字悅之號醉醒生仁祖乙亥生員父牧使好仁副司果安藩孫剛義公世雅曾孫司成從韶后貫延日居永川

郭鎰 字國賓生仁祖甲戌生員父弘釆淸白吏安邦后貫苞山居玄風

裴暘 字克昇進士父誠立牧使明遠曾孫貫盆城居陜川

李廷杓 字子成生仁祖丁亥生員父忠簡公民寏監司光俊孫貫永川居義城

孫萬雄 進士見龍榜

權宣 進士見龍榜

庚戌別試榜

辛亥庭試榜

徐漢周 字魯叟生仁祖戊寅進士父再鳴中樞院事沉后貫達城居義城

壬子別試榜

韓弘翊 字汝弼號文岩生 仁祖壬午進士父 鋧貫淸州居慶
山

郭義之 字由甫生 仁祖癸酉生員薦叅奉父世龍 贈左通禮
淨孫邦淸白吏安苞后貫山居玄風

郭世鳳 字九成號洗心堂生光海乙卯生員父 贈左通禮淨
淸白吏安邦后貫苞山居玄風

李成麟 字聖休生 仁祖己丑生員父 琯叅奉亨男曾孫松安
君子脩后貫眞寳居安東

癸丑式年榜

壬子式有故退行

高晉德 進士司藝 仁繼孫良敬公令臣后貫開城居尙州

盧思齊 字勉叔生 仁祖壬午進士官都事父縣監景命文簡公
守愼后貫光州居尙州

崔龜欽 字文甫進士父 業副提學萬理后貫海州居聞慶

高世章 字汝舍號浪翁生 仁祖辛巳進士官叅奉享顥皐社父
承仕郞爾齡直提學士原后貫開城居尙州

肅宗元年乙卯式年榜

金國采 字翊章號湖叟生 仁祖戊辰生員父景濂副提學宇宏
后貫義城居尙州

黃壽吉 字仲涉生 仁祖癸未進士官牧使父縣令啓澗司諫
鐧后貫平海居永川

金庭翊 字翼卿生仁祖乙亥進士官忝奉父持平頊文貞公字顒曾孫貫義城居星州

鄭昌基 字克家生仁祖癸亥進士官忝奉贈左承旨父洗馬晧良景公熙啓后貫慶州居星州

柳慶輝 字賀仲號蒙泉生孝宗壬辰生員父府尹楷贈忝判希潛孫提學義孫后貫全州居安東

曺慶雄 字天瑞號樵隱生仁祖己丑進士文簡公好益后貫昌寧居咸安

郭壽星 字斗老號寒谷生仁祖癸未生員父希卨濤白吏安邦后貫苞山居玄風

李厚封 字雨若生仁祖辛巳進士父進士朝鳴生員孿孫松安君子脩后貫眞寶居安東

盧碩屋 字厚而號松川生仁祖辛未生員父嘉善悛司諫善卿后貫光州居草溪

李龜命 字禹瑞生顯宗庚子進士官察訪父文翼公元禎應敎道長孫觀察禮孫后貫廣州居漆谷

鄭喬岳 字元大生孝宗甲午進士官忝奉父進士昌基洗馬晧孫良景公熙啓后貫慶州居星州

同年增廣榜

丙辰庭試榜

金允秀 字而光號樂庵生仁祖甲申進士父綏化節孝公克一后貫金海居星州

丁巳謁聖榜

權斗寅 字春卿號荷塘生仁祖癸未進士官正郎享栢麓社父叅奉霦 贈執義尙忠孫忠定公橃祀孫貫安東居安東

洪瀞敬 字寅叔號德泉生孝宗庚寅進士官戶佐 贈大憲父贈左承旨允貫南陽居順興

李楝完 字國材號茅山生孝宗辛卯進士享文陽社父通德郎天紀通禮晉哲孫靖孝公補后貫全州居安東

朴文豹 字士隱號問月堂生仁祖戊子進士父禮佐仁基察訪檜茂曾孫大諫承任后貫潘南居榮川

李宬全 字德徵生仁祖庚辰進士父叅奉文潑生員 鉽曾孫良靖公樺后貫全義居安東

李相華 字麟哉號懼峯生仁祖壬午進士父后繹 贈戶叅惇叙孫輔國元發后貫延安居尙州

郭壽夏 字德也生 仁祖戊寅生員父希曾 靑白吏安邦后貫苞山居玄風

李華翊 字舜卿號養蒙齋生 仁祖甲申進士官叅奉父忠義衛昌億執義尙彥孫縣監介立后貫月城居榮州

朴震甲 字長儒生 顯宗辛丑進士父進士施昌判校 琿曾孫判書義龍后貫務安居順興

琴聖奎 進士見龍榜

朴聖世　進士見龍榜

尹佑甲　進士見龍榜

李命夔　進士見龍榜

戊午增廣榜

同年庭試榜

柳後光　字晦夫號玉皐生仁祖戊子進士學薦縣監父縣監世哲文敬公雲龍玄孫貫豊山居安東

蔣熙伯　字重哉生仁祖癸未進士父文益副司勇寀后貫牙山居密陽

李成龜　字聖徵號撫松亭生仁祖壬午進士父琯忝奉亭男曾孫松安君子脩后貫眞寶居安東

李厚天　字澤若號石皐生仁祖己丑生員父進士朝鳴進士擧孫松安君子脩后貫眞寶居安東

南天覺　字聖任生仁祖己卯生員父碤贈左承旨隆達孫判書暉珠后貫英陽居安東

權泰慶　字子亨生仁祖丙寅進士父從仕郎輅縣監檥后貫安東居醴泉

金恒重　字士常號湖庵生仁祖己丑生員父同樞英震贈戶忝以道孫僉樞成物曾孫貫金海居醴泉

金萬貞 字云瑞生孝宗乙未進士父廷俊進士應清后貫野城 居盈德

己未庭試榜 重試對擧連値㒰年

同年重試榜

同年式年榜

權憎 字以敎號屛岩生仁祖庚寅生員父通德郎壽夏縣監 穖后貫安東居醴泉

張柱南 字任卿號浣溪生宣祖壬寅進士官叅奉陞嘉善父進 士繼勳護軍彥祥孫安襄公末孫后貫仁同居榮川

李周命 字新卿生顯宗壬寅生員官刑佐父大憲元祿應教道 長孫觀察禮孫后貫廣州居漆谷

李顯命 字汝晦生孝宗戊戌生員父叅奉元祉應教道長孫觀 察禮孫后貫廣州居漆谷

權斗經 生員見龍榜

庚申春塘臺榜

同年庭試榜

同年別試榜

辛酉謁聖榜

同年式年榜

金瑋 字華玉號東里生　仁祖甲申進士父光進生員富信曾孫贈戶叅綏玄孫貫光山居禮安

李德齊 字一之號醉軒生　孝宗丙申進士父別檢　埰文元公彥廸后貫驪州居慶州

李台翊 字文昌號葛坡生　孝宗戊戌進士　贈左承旨父獻納達意府使崇彥孫縣監介立后貫月城居榮川

金東柱 字季能號永樂堂生　孝宗乙未生員父宗溥敏節公竹玄孫文節公淡后貫禮安居榮川

張宇樞 字斗卿號任拙齋生　仁祖丙戌進士父　贈戶叅　鼎贈左承旨慶遇孫忠貞公安世后貫仁同居仁同

柳啓輝 字季晦號鰲潭生　仁祖乙酉進士　贈大憲父　贈左承旨桓　贈吏叅復起曾孫提學義孫后貫全州居安東

郭昌百 字子長生　孝宗庚寅生員父生員元亨叅奉　近孫清白吏安邦后貫苞山居玄風

金可柱 字伯能生　仁祖己丑生員父進士宗灝文節公　淡后貫禮安居榮川

金萬柱 生員見龍榜

呂聖學 進士見龍榜

朴世衜 字行彥號何溪生孝宗辛卯生員父進士昌宇校理英孫后貫密陽居蔚山

壬戌春塘臺榜

同年增廣榜

鄭延相 字仁叔號晩修庵生孝宗乙未生員父進士璇贈刑儀壽禧玄孫安襄公末孫后貫仁同居榮川

李坌銓 字襲汝生孝宗丁酉進士進士瑜孫北許事之英曾孫叅判慶斗后貫全義居達城

金聲儀 字文一生仁祖乙丑生員父郡守斗錫牧使遴秀孫贈右相玄成曾孫節孝公克一后貫金海居清道

成世壝 字周瑞號華陰生孝宗戊子生員贈禮叅父贈吏正昜夏清白吏以性孫清白吏安義會孫貫昌寧居昌寧

李基泰 字汝剛生顯宗丁未進士父翊世持平惟碩孫獻納士澄后貫星山居高靈

吳壽奎 字瑞徵號濂洛隱生顯宗癸丑生員父進士善基叅議澐后貫高敞居高靈

李德支 字尚之號安齋生仁祖戊子進士官刑佐父別檢埰文元公彥廸后貫驪州居慶州

李適意 進士見龍榜

癸亥增廣榜

郭廷賓 字聖觀生 孝宗甲午進士父泰載清白吏安邦后貫苞山居玄風

李文濟 字晦汝生 仁祖癸未生員父府使玹縣監之馨孫貫全義居達城

李壽仁 字勉叟生 仁祖丙戌生員父生員朝衡進士 舉孫生員庭栢曾孫松安君子脩后貫眞寶居安東

甲子式年榜

申德涵 字仲游號聾齋生 孝宗丙申進士父休錫承旨達道曾孫叅議元祿后貫鵝洲居義城

李達新 字可行號三悶堂生 仁祖甲申生員父 禧都事天封孫大憲興門后貫京山居星州

成世珩 生 孝宗甲午生員父護軍正夏淸白吏安義曾孫縣監踁后貫昌寧居昌寧

都處華 字士郁生 孝宗丙申進士父憲國 贈敎官 勻后貫星州居星州

宋烒 字賁仲生 仁祖乙卯進士父世彬平章事 綺后貫冶城居星州

郭在一 字萬初號大隱生 孝宗丁酉進士父兵佐壽龟淸白吏安邦后貫苞山居玄風

都萬里 字雲路生 孝宗癸巳進士父宣敎郎爾稷府使愼修孫虞侯欽祖后貫星州居大邱

李厦構 字汝肯生 顯宗壬寅進士父挺善判書 良后貫月城 居慶州

丙寅調聖榜

同年別試榜

丁卯式年榜

柳後康 字德應生 孝宗乙未生員文忠公成龍玄孫貫豊山居 安東

金繼仁 字承初生 顯宗甲辰進士父景瑞 贈工叅鳳連孫兵 使用超后貫義城居星州

朴準世 字平卿生員官正字文穆公 英后貫密陽居善山

南九明 進士見龍榜

柳斗紀 生員見龍榜

柳瀣 字慶源生 孝宗辛卯進士父用杞牧使 澈玄孫忠肅 公灌后貫文化居善山

己巳增廣榜 一所成均館行兵判兼大提學閔黯大司成柳 命賢二所東學判尹吳始復工叅權說李玄紀

孫景郁 字長文號薪圃生 顯宗乙巳進士父府尹萬雄貫慶州 居尙州

南楚衡 字叔維生 顯宗庚子生員父天翊判書暉珠后貫英陽居安東

都永成 生員見龍榜

庚午式年榜 兵判兼大提學閔黯 工議權珪 吏判柳命天 護軍睦昌明 賦吾心如衡 義聖人者天地之心

郭逌 字叔道號月溪生 孝宗乙未生員父生員壽岡縣監永禧曾孫清白吏安邦后貫苞山居玄風

具文游 字士雅號禮谷生 仁祖甲申進士官翊贊 贈戶判父承旨嵩進士仁至孫正言 憲曾孫文貞公 梓后貫綾城

呂命擧 進士見龍榜

同年庭試榜

辛未增廣榜

洪相民 字天卿號鳳岩生 孝宗甲午生員官翊衛父司諫汝河大憲鎬孫文匡公貴達后貫缶林居咸昌

金是洛 字希哲號拙窩生 孝宗戊辰進士官奉事文忠公宗直祀孫貫善山居高靈

柳顯時 字達夫號壺窩生 顯宗丁未生員壽陞同樞父啓輝贈承旨 植 孫贈吏叅復起玄孫貫全州居安東

柳元鉉 字台彦號月會堂生 顯宗甲寅生員壽陞護軍父生員 宗時進士振輝孫 贈吏佐復起后貫全州居安東

李龜徵 字景應生 孝宗辛卯生員父參奉簠進士爾樟孫直 講逢春曾孫松安君子脩后貫眞寶居安東

金粹然 字幼淸號致柔菴生 顯宗己酉生員官參奉父鼎夏生 員鑒孫文節公淡后貫禮安居榮川

張五相 字世叔生 仁祖己丑生員父進士璇 贈刑議壽禧 玄孫安襄公末孫后貫仁同居榮川

安后靜 生員見龍榜

金漢泰 字宗之生 孝宗癸巳生員父 憲進士用石后貫光山 居奉化

壬申春塘臺榜

池逵龍 生辛亥進士父主簿典新忠簡公好文后貫忠州居慶山

癸酉式年榜

盧夏鼎 字器夫號雪汀生 顯宗己酉進士父縣監思聖文簡公 守愼后貫光州居尙州

盧思賢 字希叔號晴沙生 仁祖乙酉進士官參奉父府使峻命 文簡公守愼后貫光州居尙州

金友向 字敬以號永春堂生 顯宗壬寅生員父司正日成護軍 尙晋孫平章事椿后貫義城居榮川

張瑢 字次潤生 孝宗庚寅生員 父校尉龍見 進士汝華孫
贈刑議壽禧曾孫 安襄公末孫后 貫仁同 居榮川

李世瑛 字美完生 顯宗辛未生員 父吏叅聃命 文翼公元禎孫
觀察禮孫后 貫廣州 居漆谷

李世瑷 字景玉生 顯宗丁未生員 贈吏議 父校理漢命 文翼
公元禎孫 觀察禮孫后 貫廣州 居漆谷

同年謁聖榜

同年松都庭試榜

甲戌謁聖榜

同年別試榜

乙亥平安道別試榜

同年別試榜

丙子庭試榜

同年式年榜

李師蕃 字叔擧 號樹谷生 顯宗辛亥生員 父胄萬 貫完山 居尙
州

金汝鎔 字天成生辰父大司成聲久 贈吏叅秋吉孫 贈左承旨璪曾孫贈吏判希參后貫義城居安東

李文耈 字渭叟號睡窩生 顯宗壬子生員父廷義忠肅公 藝后貫蔚山居蔚山

李㺭 字夾玉生 孝宗己亥生員父司果希芳靖簡公孟專后貫碧珍居永川

金著一 字玄伯生 顯宗癸卯進士父 鋏叅奉胤安曾孫文節公 淡后貫禮安居榮川

尹命魯 字汝祺生 顯宗甲辰官左尹父承旨 礫右相士昕后貫坡平居新寧

丁丑庭試榜

林度 字擎甫號尤溪生 仁祖己丑進士父 徽忠貞公彥修后貫平澤居梁山

戊寅謁聖榜

李承吉 生 顯宗甲辰生員壽陞中樞父進士尙懿德源君 曙后貫全州居義城

己卯庭試榜

李德標 字正則號寓庵生 顯宗庚辰父司馬 珀文元公彥廸后貫驪州居慶州

趙嵒 字次山生 孝宗庚寅進士父時瓚貞節公 旅后貫咸安居大邱

同年式年榜

禮曹 試官判尹李彥綱 校理李健命 泮水堂
右贊叅姜鋧 吏叅閔鎭周

李誠中 字時會生顯宗庚子生員官直長父德秬文元公彥迪 后貫驪州居慶州

申溓 字學源生孝宗丁酉生員 贈持平父夏錫縣監 在 孫修撰達道曾孫按廉使祐后貫鵝州居義城

李時中 字聖能號省軒生 顯宗丁未進士父德一贈大憲彥 适后貫驪州居慶州

南垓 字八元號成齋生 孝宗己亥進士父極樞領相 闇后 貫宜寧居咸昌

韓錫 字賚之生顯宗庚子進士父大濫 贈兵叅昌緒孫郡 守世偹玄孫襄節公確后貫清州居義興

朴尚古 字思遠號芝軒生 孝宗甲午進士父之賛吏佐 虎后 貫密城居清道

秦後觀 字少游號河谷生 顯宗甲寅進士官軍資正錄振武功 贈工叅父刑議以謹府使錬曾孫貫豐基居豐基

姜必明 字輝卿生仁祖甲申生員父進士 麗殷烈公民瞻后 貫晋州居金山

朴太古 字生晩號景陽齋生 孝宗丙申進士官叅奉享芝山院 父叅奉之賢吏佐 虎后貫密城居清道

河世應 字應瑞號知命堂生 顯宗辛亥生員父 琳都事受一 后貫晋陽居晋州

郭麒壽 字文叟號顧岩生 顯宗丙午生員父天時生員慶興曾 孫清白吏安邦后貫苞山居星州

柳宗時 字道膺生 孝宗庚寅生員父進士振輝護軍 繡孫 贈吏叅復起曾孫提學義孫后貫全州居安東

李光庭 字天祥號訥隱生 顯宗甲寅進士薦洗馬壽陞同中樞 父 贈戶叅先龍都事時䃹孫貫全州居安東

李命尹 字聖任號茅廬生 孝宗壬辰生員父亨節靖簡公孟專 后貫碧珍居永川

李容全 字休徵生 顯宗丁未生員父叅奉文潑生員 鈇曾孫 良靖公 樺后貫全義居安東

朴泰胄 字國瞻號所軒生 顯宗丙午生員父 贈大憲來鳳判 書義龍后貫務安居寧海

姜春悌 字都明號秋坡生 孝宗戊戌進士父天錫縣監壽賢孫 大提學淮仲后貫晉州居英陽

金德一 字達伯號守分齋生 孝宗己亥生員父 錸叅奉胤安 曾孫文節公淡后貫禮安居榮川

張之杰 字士彥號溪翁生 顯宗壬寅進士父振威將軍 珣軍 資正汝翮孫安襄公末孫后貫仁同居榮川

同年增廣榜

庚辰謁聖榜

壬午式年榜

吏判李 畬刑判閔鎭厚弘提金鎭圭刑叅尹世 紀校理權尙游監察高益亨

金始鏵 字聞伯號鐵南生 顯宗壬寅生員父鼎輝 贈左承旨 隆玄孫戶叅爾晉后貫咸昌居榮州

郭昌萬 字大齡生仁祖丙戌生員父生員元亨叅奉 近孫清白吏安邦后貫苞山居玄風

郭千重 生員父汝檀忠翼公再祐曾孫清白吏安邦后貫苞山居玄風

李益馦 字馨遠生 顯宗甲辰生員父時相兵議之華曾孫參判慶斗後貫全義居達城

金始鑌 生員見龍榜

金夏九 進士見龍榜

柳昌時 字致和生 仁祖己丑進士父牧使挺輝護軍 櫄孫提學義孫后貫全州居安東

金汝[illegible] 字天集號拙庵生 顯宗丁未進士贈吏議父大成聲久贈吏叅秋吉孫 贈吏判希參后貫義城居安東

同年別試榜

甲申春塘臺榜

乙酉式年榜

同年謁聖榜

同年增廣榜

朴敬祉 字命休號晩悔堂生丁巳生員父震極生員施雨孫生員安欽曾孫判校琫玄孫判書義龍后貫務安居順興

金光國 字士能號六忍齋生壬戌進士父楄進士用石后貫光山居奉化

郭壽道 字伯行號安分齋生顯宗辛亥生員父希賢淸白吏安邦后貫苞山居玄風

李國華 字子暎號居敬齋生丙辰進士父元悌進士麟玄孫星山伯能一后貫星山居星州

朴文曄 字質秉生顯宗甲寅進士父贈左承旨嗣基進士樅茂曾孫大諫承任后貫潘南居榮川

張緯地 生員見龍榜

辛蕃 進士見龍榜

丙戌庭試榜

丁亥別試榜

同年重試榜

戊子式年榜

曺翼漢 字子相號默庵生庚申進士父壽昌文簡公好益玄孫襄平公益淸后貫昌寧居永川

洪偍 字士則生 顯宗庚戌進士父 贈大憲游敬介節公宇定后貫南陽居順興

南汝衡 字伯瞻生 顯宗癸丑生員父大諫天漢 贈叅判礏孫判書暉珠后貫英陽居安東

羅學山 字進道號南溪生 顯宗甲辰生員官叅奉陞同樞父 贈大憲壽一司諫以俊孫生員世纓玄孫府院君聰禮后貫壽城居榮川

孫以雄 生員見龍榜

己丑謁聖榜

韓⿰忄遂 字志遠生員父縣監克遠獻納秉后貫淸州居尙州

庚寅增廣榜

李增曄 字晦伯號漆窩生 顯宗甲寅進士父泰至文簡公埈后貫興陽居尙州

李敬中 字以直生己未號任天堂生員父德純文元公彥廸后貫驪州居慶州

申震龜 字文叟號竹厓生庚申生員父叔範承旨之悌玄孫貫鵝洲居義城

柳憲時 字叔度生 顯宗乙巳進士官護軍父萬輝生員 格孫贈吏叅復起玄孫提學義孫后貫全州居安東

李載岳 字瞻仲生甲子進士父鳳擧主簿　珍玄孫文莊公　混
后貫宣城居安東

朴履相 字莘老生　顯宗壬子生員父武科　㥠武毅公毅長玄
孫判書義龍后貫務安居寧海

羅萬齡 字楚叟號製荷堂生己未生員官叅奉父將仕郎學濂僉
樞壽宗孫司諫以俊曾孫府院君聰禮后貫壽城居榮川

丁頤愼 字以正生丙寅生員父道天判官彦潚曾孫忠靖公應斗
后貫羅州居榮川

丁佰愼 字以久生庚午生員父道天判官彦潚曾孫忠靖公應斗
后貫羅州居榮川

丁道經 字德受生　顯宗辛亥生員父時運判官彦璛孫大憲胤
福玄孫忠靖公應斗后貫羅州居榮川

權斗紘 生員見龍榜

同年春塘臺榜

辛卯式年榜

禮曺大提學金鎭圭兵叅金演輔德李德英成
均舘判尹李彦綱大成柳鳳輝司果朴乃貞

宋斗錫 字瑞七生丙辰進士父啓基監司構后貫冶城居星州

李載垌 字魯原生乙丑進士父鳳天主簿　珍玄居文莊公　混
后貫宣城居安東

李夏行 字時徵號石郊生　顯宗癸卯生員父文溟良靖公　樺
后貫全義居安東

金應商 字士應生丙寅進士居禮安

朴泰來 字吉伯號學圃生　顯宗癸丑進士父文麟叅奉忠基孫大諫承任后貫潘南居榮川

金東俊 進士見龍榜

姜震三 字順伯生己未生員父進士必明殷烈公民瞻后貫晉州居金山

癸巳增廣榜

柳夢瑞 字大彥號吾廬生庚申進士父縣監後光文敬公雲龍祀孫貫豐山居安東

金重安 字安重生仁祖己卯進士父直長啓祥吏議瑛后貫安東居安東

金慶錫 字德餘生辛未進士父通德郎亨萬府尹海一孫文節公淡后貫禮安居榮川

金沃萬 字德雨生庚申進士父振一贈戶叅鏘孫文節公淡后貫禮安居榮川

丁泰愼 字以亨生壬申生員父道天判官彥璛曾孫忠靖公應斗后貫羅州居榮川

金鼎九 生進見龍榜

金履萬 進士見龍榜

權鼎老 字汝 號梅庵 生員 父吏正萬濟 忠愍公山海后 貫安東 居醴泉

甲午增廣榜

禮曹 大提學宋相琦 成均舘 戶判趙泰耉
賦 倣然答蘇軾詩 風雲堂註離騷經

金克敬 字敬天 號巽窩 生乙卯 進士 官同樞 父 贈左尹孝躍 贇成 成丹后 貫義城 居義城

權以爘 字叔章 號助破 進士 父震英 忠愍公山海后 貫安東 居醴泉

吳聖賚 字弼彥 生 顯宗癸丑 生員 父進士壽奎 參議 澐后 貫高敞 居高靈

金斗光 字樞伯 生丁巳 生員 父 橘 進士 用石后 貫光山 居奉化

南雲紀 字慶有 生丙寅 生員 父是衡 生員 天佑孫 判書暉珠后 貫英陽 居安東

李世詮 字振叔 生庚午 生員 父尚命 察訪 元祺孫 察訪道章玄孫 觀察禮孫后 貫廣州 居漆谷

權鉉 字鼎玉 號溪堂 生戊午 生員 父夏老 忠愍公山海后 貫安東 居醴泉

乙未式年榜

嚴翼廈 字子羽 號一九軒 生 孝宗辛卯 進士 父進士泰章 工議 誠后 貫寧越 居玄風

申重模 字士範 號陶厓 生癸亥 生員 父生員 濂 縣監 在會孫 修撰之悌道玄孫 按廉使 祐后 貫鵝洲 居義城

鄭重器 生員見龍榜

金偓 字君錫生顯宗辛丑生員父甲壽吏叅榮祖曾孫文靖公義貞后貫豐山居安東

權㦒 字惟叔生己未生員父壽康縣監 檥后貫安東居醴泉

張直方 字以大號丹沙生丁卯生員父命相進士 璇孫 贈刑議壽禧曾孫安襄公末孫后貫仁同居榮川

李秀墀 字邦瑞號聾齋生庚申生員父重頴牧使廷機孫承旨民宬曾孫貫永川居義城

丁酉庭試榜

同年式年榜

戊戌庭試榜

己亥別試榜

同年增廣榜

李世珩 字楚白號恕軒生乙丑生員父進士顯命叅奉元祉孫觀察禮孫后貫廣州居漆谷

張東轍 字天輅號七灘生甲子進士文康公顯光后貫仁同居仁同

都永鼎 字重汝號臥遊齋生辛酉生員父處洪贈教官勻后貫星州居星州

權正玉 字汝光號百悔堂生壬午進士父樕縣監檥后貫安東居醴泉

金式萬 字公儀生戊辰生員父振一贈戶叅鍴孫文節公淡后貫禮安居榮川

景宗元年辛丑式年榜

李增幹 字喬秀生肅宗己巳進士父重至洗馬堧玄孫執義堰后貫興陽居尚州

金世烈 字成則生肅宗甲子生員父都事萬柱進士宗灝孫文節公淡后貫禮安居榮川

李德祿 字重與號東皐生肅宗丁巳進士贈寺正父贈吏叅學進士宜潛孫文元公彥廸后貫驪州居慶州

同年增廣榜

洪儆 字敬兼生肅宗乙亥進士父秀南莊敏公淑后貫南陽居奉化

金尙學 字君習生肅宗壬戌生員父鏞進士輝斗孫文貞公玲曾孫貫光山居禮安

李秀時 字實之生肅宗乙丑生員父重頲承旨民宬曾孫貫永川居義城

周進泰 字和卿生顯宗癸丑進士父信翰瑜后貫商山居漆原

李熙春 字囿和號菊圃生 肅宗戊辰生員父待敎柱天察訪昌
鎭曾孫承旨彥英玄孫貫碧珍居柰谷

李壽海 進士見龍榜

權萬 生員見龍榜

朴龍相 字見卿號畸軒生 肅宗庚申生員父 潭 贈大憲文
約孫武毅公毅長玄孫貫務安居寧海

壬寅庭試榜

李廷藎 字國卿生 肅宗乙丑進士父生員龜徵祭奉 簠孫直
講逢春玄孫松安君子脩后貫眞寶居安東

盧夏成 字而見生 肅宗癸亥進士官郡守父大諫思遠府使峻
命孫文簡公守愼后貫光州居尙州

同年謁聖榜

癸卯增廣榜

同年式年榜

洪瑞龜 字國祥生 肅宗戊午生員父翊衛相氏司諫汝河孫文
匡公貴達后貫缶林居咸昌

金德五 字性兼號癡軒生 肅宗庚申進士父護軍振華僉樞
睞曾孫判書爲后貫遂安居盈德

曺夏瑋 字君玉號笑庵生 肅宗戊午生員父冕周都事光益后貫密陽居昌寧

金墀 字公獻號晚省庵生 肅宗丁丑生員父元烈敏節公壬后貫禮安居榮川

李柱大 字爾極號冥菴生員燮訥昌鎭孫承旨彥英曾孫貫碧珍居漆谷

李守淵 字而靜號青壁生 肅宗癸酉生員官翊贊父宲判官誠哲孫文純公滉后貫眞寳居禮安

白時蓮 生 肅宗庚申進士父武科永建進士興元曾孫進士鸞玄孫貫水原居玄風

李後冕 字周彥生 肅宗己巳進士父厦樑良靖公樺后貫全義居安東

李萬里 字圖南號中峯生 肅宗丙寅進士父光全良靖公樺后貫全義居安東

李復厚 字亨萬號佇鶴亭生 肅宗戊寅生員父生員益龢兵議之華后貫全義居達城

白始升 字休應號樂天堂生 肅宗庚申生員父昌馨文簡公文寳后貫大興居寧海

南國暹 字舒仲號玉淵生 肅宗甲子生員父弼明叅奉必大玄孫縣令須后貫英陽居寧海

南命欽 字天若生 肅宗丙辰進士父通德郎鵬翰叅奉斗遠孫縣令須后貫英陽居寧海

同年庭試榜

英宗元年乙巳增廣榜

試官吏判兼大提學李宜顯工叅洪禹傳賦
著論讖陽子詩　托意九歌篇

丁儀慎 字民則生　肅宗癸酉進士父生員道經判官彦璛曾孫
忠貞公應斗后貫羅州居榮川

南聖雲 字時然號安窩生　肅宗丁卯生員父昌夏叅判敏生后
貫英陽居東萊

鄭玉 生員見龍榜

同年庭試榜

丙午江華別試榜

同年謁聖榜

同年式年榜

金台翼 字君成號書巢生　肅宗丙辰生員父　績文貞公埨
后貫光山居禮安

李秀泰 字華彦號石圃生　顯宗癸丑進士父重炯忠簡公民㚟
曾孫貫永川居義城

尹　桔 字吉甫號吐奇堂生　肅宗丙戌生員父震奕文科安福
后貫坡平居丹城

金鼎九 生員父崚天文敬公宏弼后貫瑞興居昌寧

柳晉鉉 字升伯號筠軒生 肅宗丁卯生員壽陞僉樞父學令敬時贈吏判復起后貫全州居安東

柳台齊 字鉉甫號蘿隱生 肅宗己卯生員父尚載 贈參判希潛玄孫 贈吏參復起后貫全州居安東

羅德齡 字得之號歸來亭生 肅宗庚辰生員父同樞學山贈大憲壽一孫司諫以俊曾孫府院君聰禮后貫壽城居榮川

金景泌 進士見龍榜

朴弘儁 生員見龍榜

丁未增廣榜

同年庭試榜 重試對擧

洪應龜 字國亨生 肅宗甲申進士父相晉文匡公貴達后貫缶林居咸昌

戊申春塘臺榜

同年庭試榜

同年別試榜

己酉式年榜

權鏡 字明叔號梧窩生肅宗甲寅生員官縣監父守經縣令淳玄孫大憲敏手后貫安東居咸昌

洪禹龜 字國章號竹翁生肅宗辛巳生員父相晋文匡公貴達后貫缶林居咸昌

池光翰 字輝甫號雪嶽進士父必東忠簡公好文后貫忠州居慶山

郭漢樞 字星卿生肅宗甲辰進士父時紀監司越后貫苞山居玄風

李坤厚 字載萬生肅宗癸亥進士父生員益謙兵議之華玄孫叅判慶斗后貫全義居高靈

李臨厚 字就汝生肅宗己卯生員父益馨叅判慶斗后貫全義居高靈

權賓 字孝而號三亭生肅宗乙丑生員父翊衛斗寅忠定公橃后貫安東居安東

權正始 字愼仲號陶隱生肅宗壬申進士父莇忠定公橃后貫安東居安東

李逵中 字和彦號遠志軒生肅宗丁丑生員官叅奉父贈吏議世瑗校理漢命孫文翼公元禎曾孫貫廣州居漆谷

金防 生員見龍榜

庚戌庭試榜

李東獻 字汝徵生肅宗庚戌生員父博士權進士元祥玄孫觀察禮孫后貫廣州居漆谷

辛亥庭試榜

同年咸鏡道別試榜

壬子庭試榜　因荐歲饑荒大臣筵白退行癸丑試官左叅贊宋寅明戶判金在魯右尹朴乃貞壬子式年

姜遇文　字望汝號知足齋生　肅宗戊子生員父嘉善起澤贊成淮伯后貫晋州居安東

權芨　字企卿號西峯生　肅宗戊寅生員父斗明縣監　采玄孫忠定公橃后貫安東居安東

李精中　字叔道號禁窩生　肅宗癸酉進士父刑佐德玄文元公彥廸后貫驪州居慶州

權倩　字子華號松村生　肅宗壬申生員父斗徵學諭　霆孫忠定公橃后貫安東居安東

癸丑謁聖榜

權萬　字工甫號德溪生　肅宗壬申生員父正字斗紘忠定公橃后貫安東居安東

金鼎烈　字銘則生　肅宗辛未生員父都事萬柱進士宗灝孫文節公淡后貫禮安居榮川

乙卯式年榜

李鼎儼　字望道號南廬生　肅宗乙亥生員父憲烈文元公彥廸后貫驪州居慶州

金岩龍 字汝見生 肅宗甲申生員父 瀚兵使富仁后貫光山居禮安

呂聘擧 字禮卿號養性齋生 肅宗乙酉父宣和持平希臨后貫星山居星州

金英燁 字晦仲號丹邱生 肅宗癸亥進士父重鼎文節公淡后貫禮安居榮川

黃履大 字綏伯號淸狂子生 肅宗戊寅進士父坦貞翼公暹后貫昌原居豐基

張緯邦 字道應號九灘生 肅宗丁丑生員父玉相護軍龍慶會孫安襄公末孫后貫仁同居榮川

權葂 字勉之生 肅宗戊寅生員父斗建學諭汪孫忠定公橃后貫安東居安東

權獲 字先卿號氷西生 肅宗甲子生員父斗明縣監 采玄孫忠定公橃后貫安東居安東

丁謙愼 字以和號桐岩生 肅宗甲子生員父道天判官彥璹曾孫忠靖公應斗后貫羅州居榮州

權相龍 進士見龍榜

李象靖 進士見龍榜

同年庭試榜

丙辰庭試榜

同年謁聖榜

丁巳別試榜

戊午式年榜

權聖河 字初清生 肅宗庚辰進士官叅奉父縣監 鏡大憲敏
手后貫安東居咸昌

權斗光 字明彥號逸老堂生 孝宗癸巳進士父 濯忠定公
橃后貫安東居安東

柳命鉉 字聲遠生 肅宗丙子生員父大時 贈寺正益輝孫
贈吏叅復起后貫全州居安東

金墂 字叔和生 肅宗壬午生員父昌烈都事萬柱孫文節公
淡后貫禮安居榮川

朴正宅 字士安號小山生 肅宗丙戌進士官主簿父 暮修撰
斗經孫忠定公橃后貫安東居安東

權正欽 字子敬號艮岩生 肅宗癸巳生員父 盡忠定公 橃
后貫安東居安東

丁志安 字宅卿生 肅宗己丑進士父必愼別檢道敏孫判官彥
瓛玄孫忠靖公應斗后貫羅州居榮川

朴性純 字一甫生 肅宗辛巳生員父泰時判書義龍后貫務安
居寧海

權泰慶 字子亨生 肅宗丙寅進士父從仕郎 輅縣監 檥后
貫安東居醴泉

金　紘　字士亘生　肅宗壬午生員官參奉壽僉樞父尙進文貞
公坽玄孫縣監富倫后貫光山居禮安

己未庭試榜

崔翼天　字進天生　肅宗癸未進士父郡守南雲司成　汭后貫
慶州居密陽

金鼎夏　字用九號嘆翁生　肅宗辛酉生員官參奉　贈持平父
同中樞始振戶參達孫貫永山居聞慶

李長鎭　字遠伯生　肅宗丁巳生員父顯基縣監德弘后貫永川
居榮川

郭東岌　字季華生　肅宗丁亥生員父參奉昌一忠烈公　述曾
孫淸白吏安邦后貫苞山居玄風

庚申庭試榜

李箕翊　字錫範號松溪生　肅宗丙寅進士父發意縣監介立后
貫月城居榮州

李　巂　字秀夫號白浦生　肅宗戊午生員父生員達新都事天
封曾孫貫京山居星州

都尙德　字伯潤生　肅宗乙未進士父命錫　贈敎官　包后貫
星州居星州

南雲翮　字亘萬生　肅宗乙酉生員父道宗生員夢程玄孫英毅
公敏后貫英陽居尙州

同年謁聖榜

同年松都庭試榜

同年增廣榜

李熙一 字德卿號三踈齋生 肅宗壬午生員父郡守世柱左副
承旨彥英玄孫文安公堅幹后貫碧珍居漆谷

南紀衡 字鎭伯生 肅宗庚辰進士贈司僕寺正父通德郎汝
欽縣監鵬翼孫縣令須后貫英陽居寧海

朴希天 字聖溥生 肅宗辛卯進士官僉樞父文暹 贈左承旨
嗣基孫大諫承任后貫潘南居榮川

張泰祺 字士益號艮隱生 肅宗己丑生員壽陞僉樞父緯奎進
士延曾孫安襄公孫末后貫仁同居榮川

權莘 字天民號瓶窩生 肅宗戊寅生員父斗應叅奉 霦孫
忠定公橃后貫安東居安東

徐琥 字秀玉號杏窩生 肅宗乙亥進士官縣監父翊明思遠
后貫達城居達城

邊尙綏 字柔遠號玉成軒生 肅宗丙子生員父克亨亮節公安
烈后貫原州居安東

辛酉式年榜

金景瀓 字幼淸生 肅宗戊寅生員官縣監父 贈吏議汝鏜大
司成聲久曾孫 贈吏判希參后貫義城居安東

李範中 字霽卿號二香亭生 肅宗戊子進士官郡守父嘉善德
祉文元公彥迪后貫驪州居慶州

黃淡 字季玉號白羽生 肅宗癸未進士父察訪立顯生員有
啓孫貞翼公昰進后貫昌原居豐基

鄭重謙 字士益號輝庵生 肅宗丙戌進士父進士壽岱校理以
僑后貫迎日居金山

癸亥庭試榜

金熙鏞 字致鳳號涵鎭齋生 肅宗丁亥進士父生員宅東副提
學宇宏后貫義城居順興

朴天祐 字瑞應號睡憲生 肅宗甲午進士父成勳 贈工議敏
樹后貫月城居義興

甲子式年榜

試官右叅贊趙觀彬戶判金若魯 疑 問孟子
曰乃所願則學孔子也孟子之所願學者何事歟

李大錫 字春伯生 肅宗庚子生員父進士載 垌主簿珍后貫
宣城居安東

權正兢 字英卿號一齋生乙巳生員父同樞 藴忠定公 橃后
貫安東居安東

權正權 字士兢號春浦生 肅宗戊子進士官縣監父生員獲忠
定公 橃后貫安東居安東

宋殷徽 字聖能生 肅宗辛巳進士判決事以綺孫別提 亮曾
孫貫礪山居尚州

韓堅 字性天號聽溪生 肅宗己亥生員 贈吏判父壽賓憲
伯純夢參后貫清州居晋州

同年庭試榜

李憲洛 字景淳號藥南生 肅宗戊戌進士官縣監父通德郎中 贈祭酒彥适后貫驪州居慶州

乙丑庭試榜

丙寅春塘臺榜

丁卯式年榜

崔再珙 字共玉號霽梧堂生 肅宗己亥進士父應章 贈兵判 福東后貫月城居慶州

鄭趾簡 字元賓生庚戌生員父通德郎 里 贈吏議時榮玄孫 貞簡公琢后貫淸州居榮川

申道三 字士達號獨醒堂生 肅宗乙亥進士父賁龜承旨之悌 后貫鵝州居義城

金鳳錫 字士英生 肅宗丙申進士父百柱 贈吏議 隊翁會孫 敏節公 功后貫禮安居榮川

權正運 字會汝號道沙生 肅宗癸巳生員父 業忠定公 橃 后貫安東居安東

同年庭試榜

戊辰庭試榜

同年謁聖榜

己巳謁聖榜

庚午式年榜

金尙鎰 字尤之號華山齋生 景宗甲辰進士官都事父都事斗萬戶判克儉后貫金海居仁同

金瑞龍 字明仲生 肅宗辛卯進淑兵使富仁后貫光山居禮安

朴鼎烈 字羲卿號砂谷生 肅宗甲申生員父進士文曄 贈左承旨嗣基孫大諫承任后貫潘南居榮川

琴英澤 字再卿號晩寓齋生己未生員父奉直一協翊贊應夾后貫奉化居尙州

同年溫陽別試榜

辛未庭試榜

壬申庭試榜

朴炳律 字成五號晩悔生 景宗癸卯進士 贈左尹父 贈通政元來 贈通訓準受孫文景公忠元后貫密陽居青松

癸酉式年榜

刑叅南有容吏叅李成中賦自從删後更無詩 詩晨夕上堂說范滂母故事押事

申光運 字寅徵生 肅宗庚寅進士父世模修撰達道后貫鵝州居義城

柳載春 字萬久生丙午進士父 澹文敬公雲龍后貫豊山居安東

南峻衡 字鎭叔號槐亭生 肅宗癸未進士父進士命欽通德郞鵬翰孫縣令須后貫英陽居寧海

金始烈 字亨則號菊軒生 肅宗壬午生員官縣監父一柱文節公淡后貫禮安居榮川

丁志宬 字成之號文岩生 肅宗戊戌生員壽臨護軍父生員泰愼判官彥璛玄孫忠貞公應斗后貫羅州居榮川

南錫老 進士見龍榜

成彥極 字立汝號傳白堂生 肅宗庚戌進士父 灝進士甲夏玄孫贈吏判安義后貫昌寧居順興

趙錫喆 字明仲號靜窩生 景宗甲辰生員父善經奉常寺正靖后貫豊壤居尙州

崔光翊 字公弼號聾睡齋生辛亥進士父生員壽仁叅判 晛后貫全州居善山

甲戌增廣榜

李憲燾 字仲穆生戊寅進士父 贈吏議述中進士德祿孫文元公彥廸后貫驪州居慶州

權正忱 進士見龍榜

乙亥庭試榜

丙子式年榜

中國珍 字士上號貞齋生丙辰生員父光潤　季誠后貫平山居密陽

南龍萬 字鵬路號活山生　肅宗己丑生員官參奉父國先監察須后貫英陽居慶州

鄭熺 字用晦號蒙岩生員父相明直長四勿后貫延日居慶州

朴光輔 字子正號無名窩生　景宗甲辰進士享巴溪祠父文科泰彙赤羅君軒后貫咸陽居義興

李鼎勳 字大集號靖窩生甲寅進士父憲成文元公彥廸后貫驪州居慶州

李敦恒 字爾復號夔軒生　景宗甲辰生員父德聞　贈祭酒彥廸后貫驪州居慶州

金聖翼 字君弼號洛窩生癸丑生員父進士　紘文貞公　坽后貫光山居禮安

李駿錫 字晦伯生　肅宗己丑生員父進士載挏主簿　珍后貫宣城居安東

李寅泰 字來甫號閑老窩生　景宗壬寅生員父命福參奉亨男后貫眞寳居安東

張泰集 字大之生　肅宗庚子生員父生員緯邦護軍龍慶玄孫安襄公末孫后貫仁同居榮川

李象辰 字若夫號下枝生　肅宗庚寅生員父載基　贈吏判惟樟會孫主簿　珍后貫宣城居安東

丁丑庭試榜

同年重試榜

己卯式年榜

李憲伋 字思甫生肅宗辛卯進士父益中文元公彥廸后貫驪州居慶州

李世述 字胤祖生肅宗辛卯進士官縣監父贈吏叅守弘文純公滉后貫眞寶居禮安

全聖天 字希卿生肅宗己亥進士父道濟進士克行曾孫忠簡公湜玄孫貫沃川居尚州

李祖範 字景潤生甲寅生員父生員駿錫主簿珍后貫宣城居安東

權正通 字泰卿生肅宗丙戌生員父蕙進士斗光孫忠定公橃后貫安東居安東

李益冲 字子三號寒知堂生己酉生員父世璟大憲元祿曾孫觀察禮孫后貫廣州居漆谷

同年別試榜

同年謁聖榜

辛巳庭試榜

壬午式年榜

鄭智模 字季貞號秋澗生肅宗丙申進士官縣監父胄源文莊公經世后貫晉陽居尙州

李寅協 字和甫號志老生景宗壬寅生員父顯福叅奉亭男后貫眞寶居安東

張世權 字叔達生肅宗壬午生員父同樞緯心贈戶叅晩松孫安襄公末孫后貫仁同居榮川

李東翼 字仲勵生癸丑生員父兵佐沂中大憲元祿后貫廣州居漆谷

同年庭試榜

同年增廣榜

癸未庭試榜

同年增廣榜

朴春培 字栽甫號桑野生甲寅進士父來源定憲公成陽后貫咸陽居義城

李憲儒 字景眞號順窩生癸丑進士官府使父郡守範中文元公彥廸后貫驪州居慶州

李鼎宇 字幼度生辛亥進士父憲國文元公彥廸后貫驪州居慶州

柳長源 字叔遠號東岩生　景宗甲辰進士父信廸進士昌時孫
贈吏叅復起后貫全州居安東

張胤鈺 字子集生丙辰生員父泰翰縣監緯恒孫安襄公末孫后
貫仁同居榮川

李東春 字泰瞻生己酉生員父泰奉達中　贈吏議世瑗孫文翼
公元禎玄孫貫廣州居漆谷

金翰東 進士見龍榜

甲申庭試榜

乙酉式年榜

安致重 字弘一生甲寅進士父監察景說說書　嶒后貫廣州居
永川

李華國 字由己生戊申生員官縣監父增述教官在雅玄孫文簡
公埈后貫興陽居尚州

柳象春 字皞如號柳下生甲寅進士父　濈文敬公雲龍后貫豊
山居安東

李太淵 字靜中生肅宗庚寅進士父景麟進士宬全孫叅奉文
瀞曾孫良靖公樺后貫全義居安東

丁協祖 字孝範號玄圃生甲寅生員壽陞護軍父志寧忠靖公應
斗后貫羅州居榮川

同年謁聖榜

洪溓 生員見龍榜

盧雲元 字周滿生乙卯進士官府使 贈禮叅父郡守夏成大諫 思遠孫文簡公守愼后貫光州居青松

李有白 字汝明號青藜翁生庚申生員父孝錫生員朝衡玄孫松 安君子脩后貫眞寶居安東

丙戌庭試榜

丁亥庭試榜

戊子式年榜

權思儼 字聖若號五斯翁生丁未生員父正極忠定公橃后貫 安東居安東

洪天休 字光之號陶軒生丁巳生進父起嚋進士重熙孫忠貞公 應后貫南陽居善山

己丑庭試榜

庚寅庭試榜

辛卯式年榜

柳星休 字井瑞生戊午生員官護軍 贈吏議父 贈寺正通源 刑議觀鉉孫 贈吏叅復起后貫全州居安東

李俊民 字心卿號鶴皐進士父宣龍左部將仁常后貫鶴城居蔚山

李　逵 進士見龍榜

柳道源 字叔文號蘆厓生景宗辛丑進士官叅奉陞僉樞父工議升鉉贈吏叅復起后貫全州居安東

壬辰庭試榜

同年別試榜

癸巳庭試榜

李憲錫 字洪甫號默窩生庚午生員父生員敦恒贈祭酒彥适后貫驪州居慶州

鄭東嚮 字季常號南生窩生庚申生員父煜師傅克後后貫延日居慶州

李楨國 字牧之號尤園生癸亥生員薦敎官父寅燮主簿珍后貫宣城居安東

金正根 字大直號洛北生戊午進士父得淳吏議瑛后貫安東居安東

崔宗律 字泰一進士父承烈貞武公震立后貫月城居慶州

權　蓍 字德圓生肅宗戊午生貞父斗壽贈執義尚忠曾孫忠定公橃后貫安東居安東

權正泰 字通卿號訥菴生肅宗庚寅生員父忠定公橃后貫安東居安東

同年增廣榜

甲午式年榜 吏判趙明鼎 戶判蔡濟恭 賦舍我其誰 詩玄圭告成功 書義拜手稽首颺言

李世鐸 字振汝號易隱生戊申官縣監父守恒文純公滉后貫眞寶居禮安

李龜錫 字叙汝號皤窩生庚申官縣監父縣監世述文純公滉后貫眞寶居禮安

金大翼 字南爲生戊午進士父綷縣監輝世玄孫文貞公坽后貫光山居禮安

李憲愚 字景顔生庚申進士官直長父郡守範中文元公彦廸后貫驪州居慶州

禹錫疇 字叙伯生肅宗辛酉進士父大亨靖平公仁烈后貫丹陽居尙州

金振九 進士見龍榜

南基萬 進士見龍榜

金若鍊 生員見龍榜

同年庭試榜

同年增廣榜

乙未庭試榜

金鍾萬 字禮以號遯窩生 肅宗丙辰生員父司諫兌一 僉樞
鋸孫文節公淡后貫禮安居榮川

丙申庭試榜

正宗元年丁酉增廣榜

權椿 字直甫生 英宗壬子進士父叅奉聖河縣監 鏡孫大
憲敏手后貫安東居咸昌

安宅重 字華彥號龍湖生 英宗乙丑進士父國石校理 宙后
貫廣州居慶州

金夏剛 進士承仕郎公瑞后貫金海居慶州

黃啓熙 生員父道重翼成公 喜后貫長水居尙州

申鼎辰 字公瑞號勉庵生 英宗癸酉生員父體仁承旨之悌后
貫鵝州居義城

權履度 字身之生 英宗丁卯生員父生員思儀忠定公 橃后
貫安東居安東

權思晦 字孟燁號巷南生 英宗辛酉進士父正傳忠定公 橃
后貫安東居安東

朴圾 字明範號翠壁軒生　英宗丙寅生員父可祥都事善長后貫務安居順興

郭翼泰 字來仲生　英宗丁卯生員父弼遠生員壽星玄孫清白吏安邦后貫苞山居玄風

金相鎬 字叔京生　英宗丁卯生員　贈司僕寺正父宅源吏叅榮祖后貫豊山居安東

南彙萬 字士征生　英宗乙巳生員父國文縣令　須后貫英陽居寧海

金琥 字安甫號艾軒生　英宗壬子生員父縣監始烈文節公淡后貫禮安居榮川

金龜淵 字壽翁號枕琴軒生　英宗辛酉生員父僉樞　𤥽生員東柱曾孫敏節公　玏后貫禮安居榮川

金益顯 字用晦號大恥軒生　英宗壬申進士父濟亨進士安節后貫商山居尙州

李世胤 字君愼號櫟窩生　英宗庚戌進士官縣監父翊贊守淵判官誠哲曾孫文純公　滉后貫眞寶居禮安

南景義 進士見龍榜

同年式年榜

同年庭試榜

戊戌謁聖榜

李尙璣 字在汝生 英宗丁卯生員父李常松安君子脩后貫眞寳居安東

己亥庭試榜

庚子式年榜

一所 禮曺吏判金鍾秀 賦 鑄九鼎 詩 涿鹿野遇銅鐵額大霧作指南車 二所 成均舘 副司直鄭昌聖 賦 奏洪範五行傳 論 詩讀魯仲連蹈海書古所謂仙不死

李鼎翊 字宅而號雪南生 英宗甲寅生員 贈吏議父 贈寺正憲先文元公彥廸后貫驪州居慶州

鄭夏濟 字文希號雲西生 英宗丁巳生員父一鈺剛義公世雅后貫延日居永川

李頤淳 字穉養號後溪生 英宗甲戌生員官縣監父 贈司僕寺正龜蒙文純公滉后貫眞寳居禮安

柳範休 字天瑞號壺谷生 英宗甲子生員薦府使父命樞道源工議升鉉孫 贈吏叅復起后貫全州居安東

洪錫疇 字繼道號方窩生 英宗丁丑生員文匡貴達后貫缶林居咸昌

黃莘老 生員父生員啓熙翼成公喜后貫長水居尙州

權得仁 字叔尊號省谷生 英宗甲戌生員父邦重敎授軾后貫安東居義城

癸卯式年榜

同年增廣榜

前判書嚴璹仁陵君李在協疑問陽貨欲見孔子孔子不見公山弗狃召子欲往佛肹召子欲往三人之惡一也夫子或不見或欲往何歟若謂公山可以改過而佛肹不能浼已則陽貨獨不可改過能浼已歟

南景采 字子雲號洞崖生 英宗丙辰生員父生員龍萬監察須后貫英陽居慶州

金夢晶 字仲天生 英宗甲戌生員父復亨忠貞公溯后貫善山居善山

鄭灝 字孟潤號肯構齋生 英宗己酉生員父惟軾贈兵叅汝康后貫東萊居漆谷

姜周祜 字受天號玉泉生 英宗甲戌生員父護軍晩輔賛成淮伯后貫晋州居安東

柳晦文 字燁如號寒坪生 英宗戊寅生員 贈吏議父護軍星休刑議觀鉉曾孫 贈吏叅復起后貫全州居安東

秦潽 字聖潤號表岩生 英宗壬戌進士父司果載伯府使鐵后貫豊基居豊基

郭璿 字在玉生 英宗己巳進士父亢亘郡守世楗曾孫淸白吏安邦后貫苞山居玄風

李鼎五 字晦伯號聾叟生 英宗甲子生員官司果父副司果直養襄武公益馝孫北評事之英后貫全義居達城

權思浹 字士善號醉竹生 英宗癸酉生員父正模忠定公橃后貫安東居安東

權思浩 字其天號西陽生英宗癸丑生員官正郎父主簿正宅修撰斗經曾孫忠定公撥后貫安東居安東

全一欽 字聖中號星峯生英宗壬午生進父尚喆版圖判書侑后貫沃川居榮川

李秉淳 字幼性生英宗辛未生員官縣監同樞世述孫文純公滉后貫眞寶居禮安

李大淳 字尚初生英宗辛未生員官縣監文純公滉后貫眞寶居禮安

李奎鎭 生員見龍榜

朴大浩 字養直生英宗丙寅進士父大諫天行府尹守弘后貫密陽居善山

甲辰庭試榜

乙巳謁聖榜

丙午式年榜

趙錫儉 字聖能生英宗丁卯生員父畬經贈吏叅靖后貫豊壤居尚州

柳尋春 生員見逸蔭

金義權 字宜之生英宗丙辰生員父潤萬兵佐壎曾孫忠靖公有讓后貫順天居仁同

琴涵 字養中生　英宗甲子生員父通德郎舜鉉叅奉應徽孫按察使薰后貫奉化居榮川

李良翼 字士匡號竹窩生　英宗戊寅進士父光璧縣監　軫后貫延安居軍威

丁未庭試榜

己酉式年榜

李鼎敬 字漢賓號平廬生　英宗乙亥生員官叅奉父進士憲燾文元公彥廸后貫驪州居慶州

金綊 字章仲生　英宗戊申生員父尚文縣監輝世玄孫文貞公玲后貫光山居禮安

吳慶觀 字元賓號五友軒生　英宗辛未生員父顯光叅議　澐后貫高敞居高靈

李觀吾 進士見龍榜

張時復 字士進號西崦生　英宗乙亥進士薦教官父　贈司僕寺正胤文翊贊趾德曾孫文康公顯光后貫玉山居仁同

黃磻老 生員父生員啓熙翼成公　喜后貫長水居尚州

郭必寧 字德能生　英宗丁丑生員父　琛察訪　瀜后貫苞山居玄風

郭泰翰 字以大生　英宗丁丑進士父基漢監司　越后貫玄風居玄風

盧爾鈺 字德章號東谷生 肅宗辛卯進士父壽甲僉樞 喆玄孫司諫善卿后貫光州居永川

朴時源 進士見龍榜

庚戌增廣榜

刑判趙鼎鎭 禮判金熹 賦 彈五鉉歌南風
詩 奉勅江南句當公事回

李龜疇 賜(星)子恩瑞號俗隱生 英宗丙子生員官郡守陞通政父同樞世翊 贈吏叅守元孫 贈吏議榘曾孫主簿克哲玄孫文純公 滉后貫眞寳居禮安

李祥發 字久之號遜庵生 英宗乙丑生員父宜伯同樞命天孫承旨民宬后貫永川居義城

金百祉 字宜之號休山生 英宗乙亥生員父弘望進士用石后貫光山居奉化

全世柱 字厦汝號花野翁生 英宗丙子生員父通政道源平簡公賁后貫旋善居安義

李世立 字道仲生 英宗庚申生員父 贈吏叅守元主簿克哲曾孫叅奉岐玄孫文純公 滉后貫眞寳居禮安

裵 祐 字德而號竹窩生 英宗丁丑進士父裕齡貞節公克廉后貫星山居星州

柳川休 字大至生 英宗辛酉生員父進士長源進士昌時曾孫 贈吏判復起后貫全州居安東

李 鯖 字存叔號二可齋生 英宗甲戌生員父忠祿郡守世柱曾孫承旨彥英后貫碧珍居漆谷

李敬五 字汝寬生　英宗癸酉生員父司果直養襄武公謚孫 北評事之英后貫全義居達城

權義度 字敬持生　英宗甲申生員父正郎思浩主簿正宅孫修 撰斗經玄孫忠定公櫰后貫安東居安東

黃夔漢 字仲皐生　英宗己卯進士父珠源右賛成士祐后貫昌 原居豊基

權應斗 字定叟號芝叟進士父七紀進士任矩玄孫判書韌后 貫安東居安東

壬子式年榜

司直金尙集承旨李晚秀　賦　自有舊田廬 詩臥內賜金表一時共事情

安琥重 字潤如號无悶窩生　英宗己卯進士父景洛說書嶒 后貫廣州居永川

李聲遠 字一之生　英宗癸酉生員父宜謚忠簡公民寏后貫永 川居義城

申俊虎 字文瑞號淸甾齋生　英宗甲戌生員父樂仁承旨之悌 后貫鵝州居義城

南相運 字心之號濠窩生　英宗己卯進士父式萬進士峻衡孫 進士命欽曾孫縣令須后貫英陽居寧海

柳約文 字孟博號龜甾生　英宗己丑生員父生員川休進士長 源孫　贈吏叅復起后貫全州居安東

李升培 字大彥號修溪生　英宗戊子生員官叅奉父坤宅洗馬 㙉后貫興陽居尙州

許最 字聖晦號林岡生　英宗甲申生員父瑜進士國禎后 貫金州居善山

崔南復　字景至號陶隱生員貞武公震立后貫月城居慶州

金駿錬　字有伯號閒窩生　英宗丙子生員父墢縣監始烈孫文節公淡后貫禮安居榮川

李飛漢　字翼成號悅齋進士父度仁文忠公齊賢后貫月城居慶山

黃中敏　字伯修號白下生　英宗丁亥生員父連漢貞翼公暹后貫昌原居豊基

甲寅庭試榜

乙卯式年榜

安夢伯　字叙中號惺齋生　英宗壬辰生員府使憲后貫順興居咸安

朴　愼　字恩彥生　英宗壬辰進士父亨慶貫密城居義城

柳奭佐　字士能號月潭生　英宗戊子進士父僉知師春文忠公成龍后貫豊山居安東

柳喆祚　字重吉號踈軒生　英宗辛卯進士官郡守父僉知師春文忠公成龍后貫豊山居安東

申國賓　字士觀號太乙庵生　景宗甲辰生員父光潤季誠后貫平山居密陽

同年庭試榜

丙辰別試榜

戊午式年榜

申冕周 進士見龍榜

金顯奎 字魯瞻號屛岩生 英宗乙酉生員 楷后貫安東居尙州

崔成羽 字九瑞號花隱生 英宗壬午進士父進士光翊副提學晛后貫全州居善山

李匡德 字季淵號農山生 英宗壬午進士父奎福府使 輔后貫延安居軍威

李禹世 字濟兼號石淵生 英宗辛未進士父進士性喆都事天封玄孫貫京山居星州

柳廷燁 字明瑞號松皐生 英宗丁巳生員父陽休護軍元鉉曾孫 贈吏叅復起后貫全州居安東

全世㯙 字擎汝號一松生 英宗丙子生員父百源平簡公賁后貫旌善居安義

徐櫶 字汝容號逸圃生 英宗、己卯進士父春復貞平公鈞衡后貫達城居大邱

己未謁聖榜

李老淳 字壽氏號六斯軒生丁酉進士父郡守龜昇同樞世翊孫 贈吏叅守元曾孫文純公滉后貫眞寶居禮安

盧⿰弓句文　字四亨生英宗甲午進士父府使雲元郡守夏成孫大諫思遠曾孫文簡公守愼后貫光山居尙州

申冕朝　字爾周號市隱生英宗丙戌生員父弘毅贈都承旨達道后貫鵝州居義城

庚申庭試榜

純祖元辛酉式年榜　護軍李集斗鰲恩君李敬一賦三者吾能用之詩聞張釋之言乃不拜嗇夫

李秉遠　字愼可號所菴生英宗甲午進士薦主簿父校理琬文敬公象靖孫文靖公穡后貫韓山居安東

鄭官一　字大元生正宗乙巳生員父東輔文景公欽后貫東萊居大邱

李鼎基　字宗伯號勿谷生正宗辛丑進士父憲吉文元公彥廸后貫驪州居慶州

徐之欽　字欽五號晩悔堂生英宗庚寅進士贈童蒙教官父必文沉后貫達城居大邱

李觀祥　字伯心號蒼南生英宗甲申進士父鼎凝贈大憲彥适后貫驪州居慶州

李家發　字英叔號素字生英宗丙申生員學薦參奉官同中樞父贈吏判宜明忠簡公民寏后貫永川居義城

吳慮雲　字賀五號愚安翁生正宗庚子生員父慶益參議澐后貫高敞居高靈

李在嵩　生員見蓮榜

鄭允元 字大之生 英宗甲午生員 贈吏叅父 贈吏議 鎔
校理以僑后貫延日居金山

金宗鳳 字仲德號靈芝堂生 英宗癸未生員 贈吏議父 贈
司僕寺正相鎬吏叅榮祖后貫豊山居安東

壬戌庭試榜

癸亥謁聖榜

同年增廣榜

李亨鎭 字德元號濟軒生 英宗壬辰生員 贈叅判父 贈左
承旨敏儉正字廷賢后貫星山居星州

都禹璘 字景升號明岩生 英宗乙亥進士父尙郁 贈教官
勻后貫星州居星州

鄭夏濩 字士文號雲菴生 英宗丙申生員父一錄判書光厚后
貫迎日居永川

李寅龍 字聖輔生 英宗辛巳生員父生員大錫進士載堈孫主
簿珍后貫宣城居安東

李敬一 字君顯生 英宗辛巳生員 贈吏議父楨弼生薄珍
后貫宣城居安東

甲子式年榜

護軍蔡弘復吏叅金勉柱賦 給祭高[illegible]○以
下 詩 佯驚日吾以爲亞夫使 押使

金聲鶴 字聞天號蓮潭生 英宗辛巳進士父夏臣忠介公 濟
后貫善山居尙州

金永穆 字穆之號雲浦生 英宗癸未生員父晋鍊敏節公玏
后貫禮安居榮川

鄭霖 字汝霖生 英宗丙子進士父惟廸 贈兵叅汝康后貫
東萊居漆谷

李鼎益 字仲謙號甘華生 英宗癸酉生員父憲經文元公彥廸
后貫驪州居慶州

乙丑增廣榜

金鎭河 生員見龍榜

朴春東 字文景號東塢進士官叅奉父思敦好謙后貫密陽居慶
州

柳韶休 字子儀生 英宗甲午生員父忠源 贈吏叅復起后貫
全州居安東

李孚豹 字文叟號吾恥窩生 英宗戊子生員父 詡献納 燉
后貫眞寳居安東

金輝運 字穉和號鷄湖生 英宗丙子生員父始采文貞公宇顒
后貫義城居安東

李頤鎭 字穉養號聾窩生 正宗己亥生員父敏修正字廷賢后
貫星山居星州

丁卯式年榜

護軍金啓演兵判韓晩裕 賦 若濟巨川用汝
作舟楫 禮義仁之為器重

李彙遠 字幾哉生 正宗壬寅進士父兵叅泰淳文純公 滉后
貫眞寳居禮安

李廷佑 字季哲號所庵生 英宗甲申進士父奎祿府使 輔后貫延安居軍威

金鏈秀 字潤之生 英宗辛卯生員父仁載持平履常孫副提學宇宏后貫義城居尙州

李禧鎭 字汝受號圃窩生 英宗戊子進士父敏省正字廷賢后貫星山居星州

同年庭試榜

康儼 字士彥號謹庵生 英宗丙戌進士父胤祖舍人仲珍后貫信川居善山

崔璞 字景勛生 正宗己亥生員父世重文貞公承老后貫慶州居善山

柳元源 字來遠生 英宗甲午生員父台鉉 贈吏叅復起后貫全州居安東

李元祥 進士見龍榜

同年謁聖榜

己巳增廣榜

李好淳 字景道號三願齋生 正宗乙酉進士父榮普右承旨尙逸后貫星州居善山

南鴻陽 進士父景老監察 須后貫英陽居慶州

崔翔鎭　字文玉生　英宗甲午進士父文科命興　嘉善重能孫進士商原曾孫贊成清后貫慶州居盈德

鄭光格　字堯臣號樂窩生　正宗戊戌生員父混　贈兵叅汝康后貫東萊居漆谷

石鎭宇　字汝弘號洛坡生　正宗甲辰進士父重三汝明后貫忠州居星州

庚午式年榜

金弼教　字明五號新窩生　英宗甲申生員父生員墩貫義城居善山

許晙　字元翊號菊隱生　英宗己巳生員父瑜進士國禎后貫金州居善山

朴慶家　字南吉號鶴陽生　正宗己亥進士父國子主簿廷璠后貫高靈居高靈

權宴度　字大遠生　英宗戊子生員父思玉　贈戶叅斗樞玄孫忠定公機后貫安東居安東

辛未庭試榜

壬申庭試榜

金斗昌　字季平號桐樵生　正宗己未進士父進士熙鏞進士宅東孫副提學宇宏后貫義城居順興

癸酉增廣榜

李泰祥 字亨遠號東谷生 英宗己丑進士父鼎凝 贈祭酉彥适后貫驪州居慶州

金顯鐸 字魯振號近溪生 正宗己亥生員生員楷后貫安東居尙州

康億 字永叔號懼軒生 正宗己酉進士父胤模舍人仲珍后貫信川居尙州

南瀅圭 字應三號月溪生 英宗戊子進士父必倫文安公乙珍后貫宜寧居密陽

金相洛 字宅中號灘翁生 正宗辛亥生員官叅奉父敬喆文忠公宗直后貫善山居高靈

張錫愚 字省伯號新齋生 正宗丙午進士官縣監父玻文康公顯光后貫玉山居仁同

鄭煥輔 字元伯號復齋生 正宗癸卯進士官叅奉父通政東老縣監德濟孫副奉事鎭華曾孫文獻公汝昌十一世祀孫貫河東居咸陽

柳龜休 字玄瑞生 英宗辛巳生員父 贈寺正通源刑議觀鉉孫 贈吏叅復起后貫全州居安東

李在衡 字明瑞號江齋生 英宗丁亥進士父奎運兵議之華后貫全義居高靈

李寅宇 字士辰號野隱生 英宗壬辰進士父副護軍會應孝寧大君 補后貫全州居陝川

金永敏 字行之生 英宗戊子生員父景鍊敏節公 功后貫禮安居榮川

金星鍊 字平之號拱岩生 英宗乙酉生員父重璧僉樞時燮孫
敏節公玏后貫禮安居榮川

甲戌式年榜

李程淳 字景伯號龍谷生 英宗甲申進士副率官縣監陞通政
仕版載吏議父刑叅龜雲同樞世翊孫 贈吏叅守元曾
孫贈吏議榮玄孫文純公 滉后貫眞寶居禮安

柳道宗 字用應生 正宗己酉進士官郡守父思睦文敬公雲龍
后貫豊山居安東

柳徽祚 字爾恭生 正宗辛亥生員官叅奉父豊恩君宗春文忠
公成龍后貫豊山居安東

許俌 字德能號恒齋生 正宗壬寅生員父生員 晙進士國
禎后貫金州居善山

許傪 字德魯號南厓生 正宗戊申進士父生員 最進士國
禎后貫金州居善山

朴宗喬 字孟執號可菴生 正宗己酉進士父司諫時源僉樞師
豹孫大諫承任后貫潘南居榮川

乙亥庭試榜

李重錫 字士胤號鐵山生 正宗乙巳生員父震復良靖公 樺
后貫全義居安東

丙子式年榜

權啓夏 字惠彥生正宗庚戌生員父載運參奉應度孫忠定公機后貫安東居安東

司空鍍 字季鳴生英宗己丑生員貫軍威居軍威

鄭誾 字侃若生員父亨年殷烈公臣烈后貫晉陽居河東

李以元 字公善生正宗乙巳生員父升運大憲元祿后貫廣州居漆谷

李彙寧 字君睦號古溪生正宗戊申進士官副摠管父郡守志淳縣監世德曾孫文純公滉十世祀孫貫眞寶居禮安

李博祥 字季文生正宗乙卯進士官郡守父鼎賚文元公彥廸后貫驪州居慶州

丁丑庭試榜

己卯式年榜

李鍍 字致器號適庵生英宗庚辰生員生員熙春孫待致杜天會孫承旨彥英后貫碧珍居漆谷

權起準 字公發號英庵生正宗壬子進士父拱會贈承旨命甲曾孫大憲定后貫安東居安東

李寅龍 字會之號珠淵生英宗甲午進士父命基縣監軫后貫延安居軍威

具錫儉 字穉約生正宗丁未進士父壇翊贊文游玄孫承旨岦后貫陵城居晉州

庚辰庭試榜

辛巳庭試榜

壬午式年榜

權載鏞　字光汝生　正宗辛亥生員父稱度忠定公　橃后貫安東居安東

李耆祥　字景生　正宗辛亥生員父大諫鼎德文元公彥廸后貫驪州居慶州

李楨亳　字衡輔生　英宗丙申生員父寅晟　贍吏判惟樟后貫宣城居安東

金玉潤　字在甫生　正宗丁未生員父百秉進士用石后貫光山居奉化

金斗明　進士　龍榜

權載鈺　字文[illegible]號恭山生　正宗癸卯進士官叅奉父趾夏忠定公橃后貫安東居安東

癸未庭試榜

乙酉式年榜　護軍蔡弘遠大成徐憲淳賦　賓出奏陔　詩作生民詩推本始生之祥明其受命

金輝鎭　字宗得生　正宗戊申生員父樂顏文節公　淡后貫禮安居榮川

崔濟宅 字安之生員貞武公震立后貫月城居慶州

權濩 字德章號濟湖生 正宗戊午進士父中時教授 軾后貫安東居義城

崔祈永 號龍庵進士父 瑊貞武公震立后貫月城居慶州

崔世麟 字應瑞號大愚軒進士父進士祈永貞武公震立后貫月城居慶州

丙戌別試榜

同年重試榜

丁亥增廣榜

金麟壽 字謙老號聾窩生 正宗甲辰進士父掌令驥燦文忠公誠一后貫義城居善山

朴文魯 字汝愼號網川生 正宗丙午生員父嘉義達興府院君楗后貫密陽居義興

許倕 字應魯號洛洲生 正宗戊午生員 父生員最進士國禎后貫金州居善山

許稼 字舜觀號訥窩生戊辰生員父生員 俌生員 晙孫進士國禎后貫金州居善山

金哲濬 字聖文生 正宗戊午生員父在鎔 贈吏叅以道后貫金海居醴泉

李源實 字景溫號小溪生甲子生員父正鎭正字廷賢后貫星山居星州

金台應 字竟大生 英宗壬辰生員父益礪 贈判官世輔后貫金海居比安

柳覺文 字學先生 正宗丙午生員父朋来進士稷后貫全州居安東

柳致球 字來鳳號小隱生 正宗癸丑生員父斗文 贈吏叅復起后貫全州居安東

郭振翼 字衡擧生 正宗辛丑生員父起祖淸白吏安邦后貫苞山居玄風

張晦矩 字公燁生丙寅生員父惠玉安襄公末孫后貫仁同居榮川

宋益謙 字稺恭生 正宗辛亥進士父通德郎應奎典籍東胤孫掌樂正道成后貫楊州居榮川

李海禹 字士敎生 正宗庚申進士父柱鎭正字廷賢后貫星山居星州

戊子式年榜

崔雲應 字景祖進士父進士成羽副提學晛后貫全州居善山

柳致敎 字仲敎生 正宗庚申進士父起文同中樞顯時后貫全州居安東

李在翧 字稺章號吾廬生 正宗庚子進士父奎文兵議之華后貫全義居高靈

李以斗 字瑞七生丁卯生員官叅奉父憲運叅奉元祉后貫廣州居漆谷

鄭遠韶 字來仲號東崎生甲子生員陞同中樞父 贈吏叅允元校理以僑后貫迎日居金山

金璣吉 字宅兼號峴西生 正宗己亥生員父 完文節公淡后貫禮安居榮川

己丑庭試榜

庚寅庭試榜

辛卯式年榜

李鍾祥 字淑汝號定軒生 正宗己未進士薦都事 贈祭酒父鼎若贈祭酒彥迪后貫驪州居慶州

鄭庚九 字鼎重號聾叟生 正宗壬寅進士父汝弼禮正東潤玄孫良景公熙啓后貫慶州居聞慶

柳進明 字景九生 正宗丁未進士父進士爽佐文忠公成龍后豊貫山居安東

金顯周 字光伯號松潭生 正宗壬子進士父履德判官世緯后貫金海居河陽

李源祜 字周老號寒皐生 正宗庚戌生員父 贈叅判亨鎭正字廷賢后貫星山居星州

李彙溥 字博如號痴翁生 己巳生員官府使父戶叅同淳 贈吏叅龜天孫文純公滉后貫眞寶居禮安

金象鍊 字德翁號南皐生正宗辛亥生員父僉樞瑋生員東柱曾孫敏節公劝后貫禮安居榮川

金鐵 進士見龍榜

甲午式年榜

李海秤 字宗伯號勿谷生正宗辛丑進士父鼎搢文元公彥廸后貫驪州居慶州

崔世春 字聖弼號默軒生壬申進士父忠範司成泂后貫月城居慶州

柳致睦 字景萬號訥軒生庚午進士官縣監父叅判台佐文忠公成龍后貫豊山居安東

朴潤元 字長彥號渭岩生戊辰生員父慶祜文敬公宜中后貫密城居比安

丁興敎 字詩中號學松生癸酉進士薦成均有司父義浩監司夢吉后貫羅州居新寧

朴來明 字命老號丁山生丁卯進士父道浩叅判鳳齡玄孫府尹守弘后貫密陽居善山

憲宗元年乙未別試榜

李鼎相 字稺凝生純祖戊辰生員叅奉父定憲公源祚正字廷賢后貫星山居星州

李在伋 字述之號蓁窩生正宗丁巳生員父羽祥贈祭酒彥适后貫驪州居慶州

南萬亨 字致嘉號西溪生　純祖癸亥生員父趾煥右通禮夢賚后貫英陽居義城

金時秀 字伯瑗進士父昌默叅贊龜后貫金海居昌原

孫師錫 字舜舉進士父基遠叅奉德沉后貫密陽居永川

成鍾震 字景九號檜山生　純祖己巳生員父冑敎進士彥極曾孫清白吏安義后貫昌寧居順興

丙申庭試榜

丁酉式年榜

朴性源 字道一號栗五亭生　純祖丙子生員父龍雨貫密陽居豊基

李能玄 字又玄號北圃生　純祖戊辰進士父郡守在正贈副提學元祥孫文元公彥廸后貫驪州居慶州

張昌翼 字成之號晩成堂生　正宗庚子生員壽中樞父贈戶叅就新忠貞公安世后貫仁同居密陽

柳祈睦 字穉欽號芙江生　純祖壬戌進士官縣監父叅判台佐文忠公成龍后貫豊山居安東

李學源 字海汝生　正宗戊午生員父生員孚豹獻納　爀后貫眞實居安東

柳進翰 進士見龍榜

戊戌謁聖榜

同年咸鏡道別試榜

己亥庭試榜

兵判趙秉鉉 軍資正李源祚 判尹朴綺壽 監察權致和 賦 祭川先河而後海 禮義陳詩以觀風民

庚子式年榜

李龍載 字景學 生 純祖甲子進士父日祥文元公彥廸后貫驪州居慶州

裵象龍 字義瑞生 純祖甲申生員父哲準武烈公玄慶后貫星山居聞慶

權宅夏 字周甫號修齋生 正宗己未生員官縣監父載璜忠定公橃后貫安東居安東

司空檍 字萬實號茶川生 純祖乙丑進士貫軍威居軍威

柳進徵 字舜亨號花西生 純祖甲戌進士官副率都正 淹曾孫文忠公成龍后貫豊山居安東

李魯勉 字季野號畏庵生 正宗丁巳生員官叅奉父刑判義發忠簡公民寏后貫永川居義城

李在斅 字聖學生 純祖甲子進士父日祥文元公彥廸后貫驪州居慶州

金應奎 字叔文號霞棲生 純祖丁卯進士父命曦進士用石后
貫光山居奉化

張錫鳳 字紀百號梧下生 純祖庚辰進士官郡守陞軍資正父
同中樞學樞文康公顯光后貫仁同居仁同

崔世龜 字致瑞生員貞武公震立后貫月城居慶州

李學運 字穉洪生 正宗庚戌進士父東述校理漢命玄孫文翼
公元禎后貫廣州居漆谷

辛丑庭試榜

張昌垕 字伯厚生 正宗癸卯進士父漢用文肅公順孫后貫仁
同居慈仁

李彙正 字聖揆號東屏生 正宗辛丑進士官都事文純公滉
后貫眞寶居禮安

癸卯式年榜

判尹朴晦壽護軍金蘭淳賦後觀聖人之言分
明天地氣象 詩軍三江口立壇祭子胥 押胥

南基恒 字晦叔號海蒼生 純祖己巳進士父來陽監察 須后
貫英陽居慶州

南基麟 字穉會號屏窩生 純祖庚午生員父始進察訪應元后
貫英陽居安東

甲辰增廣榜

李在韶 字成彥號雪左生 純祖壬申進士父兵議凝祥文元公
彥廸居貫驪州后慶州

康學植 字大能號秋水軒生純祖己巳進士父進士敏淳舍人仲珍后貫信川居善山

韓榮纘 字能晋號松坡生正宗己酉進士父祖東典法判書哲冲后貫淸州居陜川

李琥祥 字義叔號梧圃生純祖丁卯生員父鼎樂贈祭酒彥适后貫驪州居慶州

鄭光檢 字士勅號竹窩生正宗丙辰生員父錦陽贈兵叅汝康后貫東萊居漆谷

李哲重 字士安生純祖甲申生員父成彬師傅見龍后貫星山居高靈

宋泰仁 字魯瞻號廣墅生純祖丁亥進士父護軍應燦生員碩忠后貫冶城居榮州

金杜龍 字聲律生純祖丁丑生員父履規齊肅公梱后貫慶州居草溪

黃中炯 字光彥生純祖癸亥進士父贈吏叅耆漢贈吏議浩大孫貞翼公暹后貫昌原居豐基

柳致游 字少游號櫟庵生純祖辛未進士父叅奉鼎文府使範休孫贈吏叅復起后貫全州居安東

高聖謙 字穉希生純祖庚午進士父夢贇司藝仁繼后貫開城居尙州

乙巳庭試榜

李應稷 字啓初生純祖丁卯進士父秀聃別提光靖玄孫文靖公穡后貫韓山居安東

同年式年榜

丙午式年榜

康大淳 字景潤號洛南生 純祖辛未進士父進士億 舍人仲珍后貫信川居善山

柳孝睦 字德明生 純祖辛未生員父護軍厦祚文忠公成龍后貫豊山居安東

李維在 字士綱號鶴野生 純祖庚辰生員父疊璧刑判義發孫忠簡公民寏后貫永川居義城

嚴顯佐 字良彥號溪隱生 純祖戊寅生員父復範忠毅公興道后貫寧越居醴泉

丁未庭試榜

金泰璜 字孟雲號道潭生 純祖己巳生員父重器貫豊山居榮川

權翰成 進士見龍榜

戊申增廣榜

洪壂 字士直號老雲生 純祖甲子進士父始潤介節公宇定后貫南陽居順興

鄭若愚 字省文生 純祖甲戌進士父民穆文莊公經世后貫晉陽居尚州

金斗相 字福汝號錦沙軒生 純祖丙子生員生員 楷后貫安東居尙州

權邦老 字錫五號芍厓生 純祖癸酉生員父 連師傳 宇后貫安東居尙州

金昌旭 字平叔號旺隱生 純祖辛未進士父尙輝文愍公馹孫后貫金海居尙州

柳好淵 進士見龍榜

柳宇睦 字致孝號左翁生 純祖辛未進士官都正父郡守喆祚文忠公成龍后貫豐山居安東

朴鍾源 字肅凝生 純祖辛巳進士父進士慶家主簿廷璠后貫高靈居高靈

己酉式年榜

護軍徐箕淳監察黃起漢 賦 司徒之職典樂之官所由設 書義宗彝

李泰行 字亨彥號東野生 純祖己巳生員父晟燮貞愍公瀣后貫眞寶居聞慶

金時鐸 字聖振號香坡生 正宗己未進士官叅奉父尙魯兵使洵后貫月城居慶州

朴虎信 字允贇號新圃生 純祖壬申生員父景文忠靖公世均后貫密陽居昌寧

李震相 字汝雷號寒洲生 純祖戊寅生員官都事父進士源祜正字廷賢后貫星山居星州

哲宗元年庚戌增廣榜

刑判金輔根護軍李敦榮 賦 極言壽考福祿以廣王心 書義 導弱水

裵克紹 字乃休號默庵生員貫達城居河陽

權載天 大圓生 純祖甲申生員父輶度忠定公 橃后貫安東居安東

權心夔 字子典號岩齋生 純祖丁亥進士父基和大憲 定后貫安東居安東

韓命駿 字國翁號簑居生 純祖癸酉進士父進士榮纘典法判書哲冲后貫淸州居陝川

南以建 字而中生 純祖庚午生員父際薰生員雲翮孫英毅公敏后貫英陽居尙州

金奎應 字聚五號東窩生 純祖辛巳進士官寢陵令父洛運文敬公宏弼后貫瑞興居玄風

金震洛 字兩叔生 純祖己卯生員父刑叅奎運吏叅榮祖后貫豐山居安東

李浩祐 字致壽號素山生 純祖丙戌進士父鎰 贈吏議炳曾孫文烈公 昭后貫順天居慈仁

權錫琦 字奇玉號月溪生 純祖戊寅生員父時啓光祿守洪后貫安東居安東

辛亥庭試榜

壬子式年榜

李能亨 字會可生 純祖辛巳進士官縣監父校理在直 贈副提學元祥孫文元公彦迪后貫驪州居慶州

徐秉坤 字明載號蓮渠生 純祖癸酉生員父宅烈持平思遠后貫達城居達城

柳進鳳 字晦儀生 純祖己丑進士文忠公成龍后貫豊山居安東

李璋燦 字特之號隱齋生 純祖戊辰生員官都事父種驥持平觀吾孫貫蔚山居蔚山

韓用中 字聖時生 正宗壬子生員官都正父思喆典法判書哲冲后貫淸州居尙州

權載衡 字平仲生 純祖戊辰生員父璧度縣令正雄曾孫忠定公機后貫安東居安東

癸丑庭試榜

甲寅庭試榜

李秉瑀 字華謙號謹窩生 純祖甲子生員父岳壽大憲興門后貫京山居星州

李晩綏 字國明號惠山生 純祖癸未進士官牧使父彙壽文純公滉后貫眞寶居禮安

乙卯式年榜

金思默 字聲彥號默庵生 純祖丙寅生員官縣監父相宅文忠公宗直后貫善山居高靈

李羽俊 字義瑞號怡松生 純祖己酉進士父進士好淳縣令墀玄孫右承旨尙逸后貫星州居善山

金墢 字致發號鶴軒生 純祖丙戌生員官叅奉父通德郎驥振文忠公宗直后貫善山居高靈

李驥相 字穉千號敏窩生 純祖丙戌生員官引儀父定憲公源祚正字廷賢后貫星山居星州

李觀熙 字羲賓號浦叟生 純祖甲申生員官都事父叅奉鼎相正字廷賢后貫星山居星州

張源杓 字九老號海史生 正宗辛未進士父鳳祥司僕正悌元后貫仁同居仁同

金樂澐 字仲賢生 純祖辛未進士父監役永琮文節公淡后貫禮安居榮川

朴宗垕 字仲厚號惺庵生 正宗壬子生員父司諫時源僉樞師豹孫大諫承任后貫潘南居榮川

權載爀 字景圓生 純祖乙丑進士父述度教官思淮孫生員正運曾孫忠定公橃后貫安東居安東

權鼎和 字仲實號醒棲生 純祖戊辰生員父載準大憲定后貫安東居安東

鄭必周 字聖緝號韶石生 正宗丙辰生員父瑊贈吏叅碩濟曾孫貞簡公琢后貫安東居安東

崔東漢 字寬汝生 純祖壬午進士官同敦令父 贈嘉善必周完山君阿后貫全州居固城

丙辰別試榜

丁巳庭試榜

戊午庭試榜

鄭直鉉 字雲瑞號蘭齋生 純祖壬辰進士官叅奉 贈通政 父
贈吏議在箕文獻公汝昌十三世祀孫貫河東居咸陽

金履弘 字而遠號春軒堂生 正宗己酉進士官都事 贈吏叅
父 贈工叅有權戶判克儉后貫金海居仁同

同年式年榜

吏判金炳學 兵判南秉哲 賦 此去南昌七百
餘里 詩 古之君子其王霸之畧素定於畎畝中

張祐遠 字羽謙生 純祖戊子生員父縣監錫愚文康公顯光后
貫玉山居仁同

金輝鑰 字玉汝生 純祖癸未生員父樂素敏節公 功后貫禮
安居榮川

李晚甲 字公信生 純祖甲申生員父通德郎彙明縣監程淳孫
刑叅龜雲曾孫文純公滉后貫眞寶居禮安

黃秉連 字明五號石潭生 純祖丁亥生員父生員宗振莊武公
衡后貫昌原居義興

金奎獻 字景範號水月軒生 純祖丁丑生員父刑議重夏 贈
吏議宗鳳孫吏叅榮祖后貫豊山居安東

柳驥榮 字士雍號鶴下生 純祖甲申生員官刑佐父道鳳大諫
致睦孫文忠公成龍后貫豊山居安東

金奎漢 字應五號東窩生 純祖壬申生員薦都事陞都正父洛
運文敬公宏弼后貫瑞興居玄風

權承夏 字允華生 純祖丁卯生員父載綸忠定公 橃后貫安
東居安東

李能奕 字公世號蒼下生純祖己卯生員官叅奉父郡守在正
贈副學元祥孫文元公彦廸后貫驪州居慶州

孫友永 字敬學生純祖己丑生員父校理相駟景節公仲暾后
貫月城居慶州

張厚相 字直夫生純祖丙戌進士父吏叅仁遠贈吏叅錫頤
孫文康公顯光后貫玉山居仁同

權孝淵 字希曾號農丈生純祖己丑進士官都事父縣監宅夏
忠定公橃貫安東居安東

李晩起 字文八生純祖甲申進士官都事父刑議彙廷文純公
滉后貫眞寶居禮安

己未增廣榜

護軍洪在喆兵判金炳學賦　至見其圖詩
其功墅於抑洪水膺戎狄放龍蛇驅虎豹　押豹

朴宗義 字寅應生　純祖壬申生員父可祥都事善長后貫務安
居順興

金錫標 字友奭生　純祖庚午生員父泰奎忠毅公文起后貫金
寧居金泉

金奎錫 字應斗生　哲宗戊子號菊坡生員父聲大郡守　憲后
貫商山居尙州

郭書坤 字華吉生純祖丁亥生員官叅奉父址祿淸白吏安邦
后貫苞山居玄風

李奎鎭 生員見龍榜

李在喜 進士、父縣監鍾祥貫驪州居慶州

全在球（球改學）字君玉號三松軒生 純祖甲戌進士父 贈監察相烈平簡公賁后貫旌善居安義

朴永昊 字潤之號九成軒生 純祖丁卯進士父鎭勳武毅公毅長后貫務安居寧海

白基東 字德溫號涵養齋生 純祖壬午進士父兌周文簡公文寶后貫大興居榮川

庚申庭試榜

辛酉庭試榜

同年式年榜

權斗泳 字子建號南隱生 純祖乙酉進士父 贈吏議允中貫安東居順興

洪稷厚 字而玄生 純祖甲午進士父 處介節公宇定后貫南陽居順興

金斗定 字魯瑞生 純祖甲子進士父 舜來忠毅公文起后貫金寧居尙州

鄭太英 字而善號翼雲生 憲宗丁酉生員父光復府院君蘭宗后貫東萊居尙州

金泰魯 字聖瞻號樂齋生 純祖丁卯生員父相琦副尉宗澤孫世弼后貫月城居慶州

李在幹 字端玉號晩棲生 純祖己丑進士父稼祥通政憲相會孫文元公彥迪后貫驪州居慶州

權載喆 進士見龍榜

鄭壽極 (龍文)字南秀號聾窩生 純祖己丑進士父明燁 贈兵叅汝康后貫東萊居漆谷

朴箕瑞 字道星號芝齋生 純祖癸巳進士父[illegible]德叅奉 [illegible]后貫密陽居清道

李寅相 字敬弼生 憲宗辛丑生員父漢發持平東禮后貫星山居高靈

朴文虎 字景馥生 純祖戊辰生員父春發都事善良后貫務安居順興

趙在一 字致萬號淇園生 憲宗辛丑進士父榮復察訪光璧后貫豐壤居尙州

都右龍 字雲五號一悔軒生 憲宗戊戌進士父鏞龜 膺后貫星州居高靈

崔晚喜 號荷史進士官都事父鉉珪貞武公震立后貫月城居慶州

權益和 字孟省號石樓生 純祖乙丑生員父郡守達準 贈承旨命申玄孫大憲 定后貫安東居安東

權鳴和 字穉鸞號七隱生 純祖丁丑生員父將仕郎適準 贈承旨命申后貫安東居安東

癸亥庭試榜

高宗元年甲子增廣榜

柳道尙 字寧彊生 哲宗庚戌進士父都事嘻睦文憲公厚祚孫 文忠公成龍后貫豐山居尙州

鄭昌翼 字稺範號雲北軒生 純祖戊寅生員父通德郞光杜觀察玉玄孫員簡公琢后貫淸州居榮川

李秉昊 字和汝號小石生 憲宗丙申生員父禧壽大憲興門后貫京山居星州

朴鍾宋 字聖根號菊隱生 純祖甲午進士父奎德貞武公好問后貫密陽居昌寧

徐相漢 字致浩號菊隱生 純祖乙酉進士父㤜淳達川府院君彌性后貫達城居昌寧

李憙久 字善繼號暘臯生 純祖甲戌進士父能安文元公彥廸后貫驪州居慶州

金增 字天益號蒼厓生 憲宗庚子進士父進士啓默文忠公宗直后貫善山居高靈

石道周 字汝直號松庵生 憲宗甲辰進士父致龍左尹汝明后貫忠州居仁同

乙丑式年榜

南綾君洪鍾序　工判朴琟壽　賦　臣雖無狀不

致由他道進　書義　用牲于郊　疑問會子

曰士不可以不弘毅用何工則可以弘毅伯夷望

望若然將浼焉而至於隘則可謂不弘矣柳下惠

油油然與之偕而至於不恭則可謂不毅矣然則

二子皆不足爲士歟

李能升 字敬述生 純祖丁亥進士父在老文元公彥廸后貫驪州居慶州

李熙一 字聖直生 純祖丁亥生員父輔權副提學孟賢后貫載寧居尙州

鄭東箕 字蒼七生 純祖乙酉進士官府使父司僕寺正允愚文莊公經世后貫晉陽居尙州

李晩胤 字繼祖號左山生 純祖甲午生員官翊衛父府使彙溥戶叅同淳孫文純公 滉后貫眞寶居禮安

黃基敬 字畏近生 純祖甲申進士父斗夏進士中敏孫貞翼公喜進后貫昌原居豐基

黃壽夏 字伯俞生 純祖丙戌進士父進士中炯 贈吏叅耆漢孫貞翼公 喜進后貫昌原居豐基

黃肇夏 字念禹號渚草生 純祖甲午進士父進士中炯 贈吏叅耆漢孫貞翼公 喜進后貫昌原居豐基

丙寅庭試榜

柳道奭 字泰瞻號海沙生 純祖戊子進士官縣監陞通政父都事疇睦文憲公厚祚孫文忠公成龍后貫豐山居尙州

丁卯式年榜

金基燮 字君慶號晩悔生 純祖己卯進士壽嘉善父鼎重文忠公先致后貫商山居尙州

金昌潤 字德甫號慕山生 純祖己巳進士父碩圭文愍公馹孫后貫金海居淸道

李能模 字孝叔號道庵生 純祖甲午進士父在珪通政憲相玄孫文元公彥迪后貫驪州居慶州

黃宗振 字能彦號晩隱生 正宗戊午生員壽通政父 贈嘉善允中莊武公 衡后貫昌原居義城

申匡運 字際熙生 正宗戊午進士父厚岳文僖公 槩后貫平山居咸昌

許烒 字士成號江村生 憲宗丁酉生員 郡守父 禶進士偉孫貫金海居善山

李丙容 字汝心號智隱生 純祖辛酉生員父通政廷棨讓寧大君 褆后貫全州居河東

權相龍 字舜弼生 純祖己巳生員父吏正翰成 紀后貫安東居安東

張晉奎 字舜好號紫㵾齋生 純祖癸未進士父碩柱順天君天老后貫順天居新寧

李炳商 字子靜號晩圃進士貞愍公 瀣后貫眞寶居榮川

金甲敎 進士見龍榜

戊辰庭試榜

己巳庭試榜

庚午式年榜

李相喆 字允吉生 純祖丙戌生員父建秀大憲元祿后貫廣州居漆谷

金聃永 字耳老生 憲宗戊申進士官叅奉父震銖貫義城居順興

李寅久 字揆老生 純祖戊子進士父吏叅能燮 贈副提學元祥曾孫文元公彥廸后貫驪州居慶州

金源博 字厚敬號學秋生 憲宗壬寅生員父世欽忠貞公澍后貫善山居尚州

朴容復 字汝玉號松隱生 純祖甲申進士官都事父 贈副提學思裕生員昌宇后貫密陽居蔚山

柳道運 字茹玉號蒼棲生 純祖己丑父護軍義睦文忠公成龍后貫豊山居安東

權世淵 字祖源號星臺生 憲宗丙申生員官叅奉父鎭夏忠定公橃后貫安東居安東

李晩杰 字先必生 純祖庚辰生員父僉知彙淵文純公滉后貫眞寶居禮安

柳駿軾 字胤琡號恒齋生 憲宗己亥生員父河阡徵士隰后貫文化居軍威

崔秉壽 字成伯生員父進士世麟進士祈永孫貞武公震立后貫月城居慶州

鄭致華 字仲觀生 純祖壬申生員父裕魯叅議重器后貫延安居永川

金翰永 字處重生 憲宗乙巳進士父監役恒鎭生員輝運曾孫文貞公宇顒后貫義城居晉州

金羽永 進士見龍榜

壬申庭試榜

朴英鶴 字季亨號鶴厓生 純祖辛卯生員父止源主簿廷璠后
貫高靈居高靈

癸酉式年榜

金漢謨 字明吉號安圃生 憲宗庚子進士父允洪貫金海居順
興

金東奎 字汝寬號醒蛾軒生 純祖癸亥進士壽通政父洛周贇
成灌后貫淸風居咸昌

柳道龜 字齡叟號江軒生 憲宗甲辰生員都正 淕玄孫文忠
公成龍后貫豐山居安東

柳道弼 字輔汝生 憲宗己亥進士父縣監敎睦文忠公成龍后
貫豐山居安東

裵錫坤 字達壽號保溪生 純祖辛未進士父廷樞大諫 規后
貫星山居星州

裵章煥 字云伯生 憲宗己亥進士官監役父都正龍淳直提學
衿后貫星山居金泉

李鉉懋 字聖章號儉谷生 純祖庚寅進士父龍淵縣監 軫后
貫延安居安東

具述祖 字舜遠生 哲宗丙辰生員父宣傳元喜承旨 岦后貫
綾城居晋州

黃秀鍾 字淸彥號隱溪生 純祖辛酉進士父參奉連九通政元
兆后貫平海居靑松

甲戌增廣榜

護軍鄭健朝工判趙龜夏賦升諸司馬曰進士詩海內擊震皷腹以歌太平斯乃上世之樂押樂

張錫龜 字儀伯号友堂進士官郡守父同中樞學樞文康公顯光后貫仁同居仁同

權絅夏 字景淑号素南生 純祖癸已生員父省模縣監 儀后貫安東居醴泉

鄭龍濟 字應汝號聽石堂生 純祖癸未進士父 鍈校理以僑后貫延日居金山

李中斗 生員見龍榜

辛奎燮 字士衡号尼南生 憲宗乙巳生員父承旨志弼忠壯公礎后貫靈山居靈山

金奎瑄 字國瑞生 憲宗丙申生員父錫欽文敬公宏弼后貫瑞興居昌寧

李炳權 字敬文号默庵生 憲宗癸卯進士父智相雲川君 演后貫全州居高靈

乙亥別試榜

李昇魯 字聖日号白樵生 哲宗乙卯進士父通德郎孝相青海君瑀后貫眞寶居安東

權敦淵 字致睦生 憲宗乙巳進士官都事父兵叅泳夏忠憲公正忱后貫安東居安東

權相玉 字公瑾生 哲宗癸丑進士父奎淵忠定公 橃后貫安東居安東

丙子式年榜

權國經 字公輔號梧南生 憲宗辛丑進士父致鳳忠毅公應銖后貫安東居醴泉

宋基晋 字公三號石觀生 憲宗癸卯進士父奎澤僉樞啓升孫亮后貫礪山居尙州

李圓奎 字大中生 純祖乙酉進士父熙榮副學孟賢后貫載寧居尙州

金啓默 字國鳴號慵庵生 純祖己卯進士父相宅文忠公宗直后貫善山居高靈

權相德 字景孟生 憲宗丙午生員官叅奉父會淵忠定公橃后貫安東居安東

李中軾 字伯瞻生 憲宗辛丑進士官叅奉父通政晚逌吏叅彥淳曾孫文純公滉后貫眞寶居禮安

崔晚善 字聖模生員父進士世龜貞武公震立后貫月城居慶州

姜會元 字聖極號澗松生 憲宗己亥生員父生員輅永大憲淮伯后貫晋州居榮川

裵相善 字文一生 憲宗辛丑進士父漢奎府使應褧后貫星山居榮川

成灊 字汝翊號悟隱生 純祖庚寅進士父生員鍾震進士彥極玄孫副提學以性后貫昌寧居順興

黃在鈺 字聲玉號素隱生 哲宗庚申生員父章夏贈吏叅斗漢曾孫贈工叅驪后貫昌原居豊基

己卯式年榜

護軍鄭基世李源命賦此公之志義文王之爲世子詩聖人之心見於書猶化工之妙著於物

金肅源　字命海號小坡生哲宗壬子生員父進士奎錫洛城君先致后貫商山居尙州

李麟和　字景叟號濃山生憲宗己酉父承祐監司尙逸后貫碧珍居善山

柳膺睦　字受卿號鶴山生憲宗辛丑進士文忠公成龍后貫豊山居青松

李英勳　字洛七號玉瑞生哲宗庚申生員父寅鶴監役能發孫持平東禮后貫星山居高靈

孫永祚　字景承號礪陽齋生純祖乙酉進士父遜讀興禮后貫慶州居醴泉

金輝澤　字漢卿生哲宗乙卯進士父樂夏文節公淡后貫禮安居榮川

鄭宜默　進士見龍榜

李奎龍　字應亮號老石生憲宗壬寅生員父都事璋燦持平觀吾會孫貫蔚山居蔚山

庚辰增廣榜

李能斗　字敬五號竹隱生哲宗庚戌進士父進士在幹通政憲相玄孫文元公彥廸后貫驪州居慶州

南熙朝　字宗汝生員父有晟監察須后貫英陽居豐州

李用霖 字景泰號篔堂生 憲宗癸卯生員官縣監父宅洙翼襄公藏 后貫禮安居安東

金洛元 字仁汝生 憲宗戊申進士父膺瑞掌令漢哲后貫義城居軍威

李庭久 字光彥生 哲宗甲寅進士父能白文元公彥廸后貫驪州居慶州

朴璣烈 字幾玉號海陰生 哲宗壬戌生員父英實縣監慶悳會孫承旨廷璠后貫高靈居高靈

張教遠 字舜執號海山生 憲宗戊申進士官郡守父郡守錫鳳同中樞學樞孫文康公顯光后貫仁同居仁同

權秀淵 字義伯號蓮窩生 哲宗己酉父勉夏縣監檥后貫安東居醴泉

朴鎬陽 字成弼號月塘生 哲宗辛亥進士父世仁大諫承任后貫潘南居榮川

姜輅永 字虎汝生 純祖甲申生員父鋐嘉善德裕玄孫大憲淮伯后貫晉州居榮川

張奎井 字文瑞號鶴岩生 哲宗乙卯進士父在顯丹山君允和后貫丹陽居榮川

李鈺 字聲振號塑齋生 純祖丙寅進士官同中樞父 贈吏參忠憲 贈吏議炳孫文烈公陽昭后貫順天居慈仁

金濟弘 字景汝號逸山生 純祖乙亥進士父星東文懋公馹孫后貫金海居金泉

魯碩重 字能彥號竹塢生 正宗丙辰進士官五衛將父運學判書認后貫咸平居星州

辛巳庭試榜

蔡元儉 字聖魯號寄庵生純祖壬申生員父師休貞義公貫河
后貫仁川居大邱

壬午增廣榜

李明浩 字景文號石南生純祖甲午進士官都事父道行貞愍
公瀣后貫眞寶居聞慶

韓克源 字宅卿號碧農生哲宗己未進士父縣監鎭奎大尉
蘭后貫清州居清道

康奎燮 字致瑞生純祖甲申進士父宅中進士惟善后貫信川
居善山

崔炳燮 字克三號東黎生哲宗壬子進士父健植進士雲應孫
副提學晛后貫全州居善山

金相孝 字文極號敬齋生憲宗丁未生員父潤吉生員鍊后
貫金海居豊基

安孝騆 字大見號一也生哲宗戊午進士父平重府使宇后
貫廣州居梁山

李邁久 字英可號小庵生憲宗辛丑進士官縣監父能元文元
公彥廸后貫驪州居慶州

孫耆永 進士見龍榜

李奎魯 字敬輝號愼宇生純祖己丑生員父都事璋燦持平戣
吾曾孫貫蔚山居蔚山

朴瀚會 字國瞻號菊圃生 純祖壬午進士父 贈敎官孝根 善德孫后貫密城居晉州

車一龍 字文瑞號柯隱生 憲宗己亥進士官叅奉父 贈掌令 南斗校理天輅后貫延安居尚州

申相翼 字敬輔號可川生 哲宗壬子進士貫寧海居眞寶

裴允章 字執中號慕節生 純祖壬申進士父魯膺貞節公克廉 后貫星山居星州

柳淵博 字景深生 憲宗甲辰進士父郡守止鎬兵叅致明孫 贈吏議晦文曾孫 贈吏叅復起后貫全州居安東

金魯東 字叅瞻號東崖生 憲宗己亥進士父都正奎漢文敬公 宏弼后貫瑞興居玄風

李東榮 字君實號東崖生 憲宗辛亥進士父運發文忠公齋賢 后貫月城居慶州

李文虎 字順汝號東川生 純祖癸未進士陞同中樞父 贈工 叅挺斗 贈禮叅世復孫吏叅世仁后貫星山居星州

盧以珽 字敦汝號顧庵生 純祖辛巳生員父 清持平 瑾后 貫光州居草溪

黃璉夏 字器彥生 純祖甲申進士父中運右賛成士祐后貫昌 原居豊基

黃世夏 字致五號庭山生 憲宗庚子進士官叅奉父中永貞翼 公暹后貫昌原居豊基

安鍾惪 字兌老號石荷生 憲宗辛丑進士官巡察使父聞遠司 諫靚后貫廣州居密陽

同年別試榜

癸未式年榜

柳道直 字履伯號可澗生 純祖己丑進士文忠公成龍后貫豊
山居安東

李敎英 字華汝號華山歸隱生 純祖癸巳進士官府使父得魯
忠簡公東標后貫眞寶居安東

乙酉庭試榜

同年式年榜

鄭佐默 字樂仲生 哲宗甲寅生員父府使東箕文莊公經世后
貫晉陽居尙州

鄭容默 字九如生 哲宗庚戌進士官叅奉父校理東奎文莊公
經世后貫晉陽居尙州

朴箕鎭 字星老生 哲宗庚戌進士父時文生員昌宇后貫密陽
居蔚山

洪龍晩 字致書生 純祖丙子生員父聖錫文匡公貴達后貫缶
林居聞慶

李大馨 字慶五號蘭圃生 哲宗庚戌進士父漢喆文忠公崇仁
后貫星州居陜川

柳永佑 字賢弼號鍾溪生 哲宗庚戌進士官順昌園令父刑佐
驥榮大司諫致睦曾孫文忠公成龍后貫豊山居安東

辛泳祚 字亨伯號小瓠生　憲宗甲辰進士官參奉父監役奎成
承旨志鼎孫忠壯公礎后貫靈山居靈山

權相重 字公瑾號晶沙生　哲宗甲寅生員父持平好淵忠定公
橃后貫安東居安東

李宅久 字應老生　哲宗乙卯進士父能禹文元公彥廸后貫驪
州居慶州

李鉉燮 字瑞圭號愚軒生　憲宗甲辰進士父龍淵縣監軫后
貫延安居安東

金河鎭 字學源號東湖生　哲宗辛酉生員父憲奎敏節公玏
后貫禮安居榮川

朴敦秉 字德應號晴崗生　哲宗癸亥進士父承八弼善德孫后
貫密陽居晋州

金擎成 字珽弘號默窩生　哲宗辛丑進士父斗潤忠毅公文起
后貫金寧居彥陽

盧應祜 字益中號竹塢生　哲宗壬子進士父生員以珽持平
[illegible]后貫光州居草溪

金東奎 字晋卿生　哲宗乙卯進士父輝濟進士樂澐孫文節公
淡后貫禮安居榮川

金緯奎 字紀叔號活川齋生乙丑生員父輝軾生員駿鍊曾孫文
節公淡后貫禮安居榮川

安鍾喆 字聖伯生　憲宗戊戌生員父聞遠司諫靚后貫廣州
居密陽

鄭煥哲 字熙民生　純祖壬申進士官同中樞父贈吏參遠羽
校理以僑后貫迎日居金泉

鄭夏默　進士見龍榜

鄭煥圭　字聖君號岡梧生　純祖庚辰進士官大護軍父　贈戶判遠模校理以僑后貫延日居金山

金鍾遠　字孟厚生　憲宗壬寅生員父華在進士澤龍玄孫大謙允安后貫順天居安東

金載永　字器重生　純祖辛卯進士父監役恒鎭生員輝運曾孫文貞公宇顒后貫義城居晉州

同年增廣榜

丙戌庭試榜

丁亥庭試榜

戊子式年榜　督辨金永壽戶判鄭範朝　賦　方春和時　詩
建學立師以培其根以達其枝

金敎林　字仁直生乙丑進士孝薦參奉父察訪羽永貫義城居順興

鄭厦默　字誠遠生　哲宗壬子進士父東奭文莊公經世后貫晉陽居尙州

金中鉉　字信孚生　憲宗戊申進士父進士致鳴忠毅公文起后貫金寧居尙州

李奎善　字義文生癸酉進士父縣監用霖翼襄公　藏后貫禮安居聞慶

鄭煥東　字厚卿號夏山生 哲宗己未進士官叅奉父魯來文忠公夢周后貫烏川居大邱

權相源　字聖博號南溪生辛未進士主簿彥臣后貫安東居榮川

鄭淳元　進士見龍榜

金在鎭　字舜七生純祖戊寅生員父監役奎鏞節孝公克一后貫金海居陝川

金昌鉉　字文若號鮮隱生憲宗丁未生員官叅奉父持平埠文忠公宗直后貫善山居高靈

朴弘釆　字周卿生 哲宗丙辰生員父生員文虎都事善長后貫務安居順興

金元璧　字赫三號可居生庚午進士父同中樞珪碩贈戶叅殷業孫直提學琪后貫義城居義城

崔鉉軾　字景蘇生 哲宗甲寅進士官叅奉父都事晩喜進士世鱗孫進士祈永曾孫貞武公震立后貫月城居慶州

崔鉉教　字景敷生 哲宗丁巳進士官叅奉父都事晩喜進士世鱗孫進士祈永曾孫貞武公震立后貫月城居慶州

金秉浩　字孟善生 哲宗丙辰生員父生員震洛刑叅奎運孫刑議重夏曾孫吏判榮祖后貫豊山居安東

金洪奎　字舜卿生 哲宗戊午進士父輝洛文節公淡后貫禮安居榮川

黃錫夏　字光國號丹樵生 哲宗庚戌生員父同樞中杰贈吏叅斗漢孫贈工叅躔后貫昌原居豊基

丁大植 字而建生 憲宗丁未生員官縣監父南敎都正義轍孫忠靖公應斗后貫羅州居榮川

金塽 字君奭號石虹生 哲宗庚戌進士父輝礪敏節公玏后貫禮安居榮川

己丑榜

庚寅榜

高斗演 字仲三生 哲宗戊午生員父文謙司藝仁纖后貫開城居尙州

金炳龍 字致雲號晩樵生庚午進士父先根太師宣平后貫安東居安東

邊錫川 字景仲號我泉生 哲宗辛亥進士父嘉善哲周兵正永淸后貫原州居安東

辛卯式年榜

李壽鼎 字眉伯生 哲宗戊午進士父校理奎煥監役相善孫大憲元祿后貫廣州居漆谷

李纘久 字春卿號周山生 哲宗壬戌進士父能亮郡守博祥曾孫文元公彥廸后貫驪州居慶州

孫秀杓 字明彥生 憲宗己酉進士父致中景節公仲暾后貫月城居河陽

朴廷鎬 字星極號後松生 哲宗辛酉進士父監察應德忠肅公翊后貫密陽居淸道

鄭弘默 字毅卿生 哲宗庚申生員父東弼文莊公經世后貫晋陽居尙州

鄭喆愚 字明遠生 憲宗辛丑進士父民英文莊公經世后貫晋陽居尙州

鄭萬愚 字國賢生 哲宗己未進士父民燮判官澤后貫晋陽居尙州

李周璜 進士父寬教洗馬 典后貫興陽居尙州

朴時龜 字實卿生丁卯進士父喜復生員昌宇后貫密陽居蔚山

金榮浩 字文郁號鳳山生甲戌進士父尙璧刑判自粹后貫慶州居善山

郭在憲 字成玉號雨帆生己巳進士官叅奉父主事文煥教寧杜祥孫忠翼公再祐后貫苞山居達城

秋教哲 字曾汝生壬申進士父教官柱燁佐郎秉紀孫忠莊公水鏡后貫秋溪居大邱

鄭龍基 字見可號芸齋生庚辰進士父叅奉煥東文忠公夢周后貫烏川居大邱

洪萬均 字相甫生壬申進士父炳蕖文匡公貴達后貫缶林居聞慶

李炳九 字允吉號遯菴生 純祖辛未生員父尙範右尹潤壽后貫驪州居龍宮

柳東奎 字聚五生乙亥進士文忠公成龍后貫豊山居安東

柳南植 字夏卿生丙子進士父進士道翮文忠公成龍后貫豐山居安東

李鳳奎 字舜瑞號芝岡生純祖癸未進士官都正父熙成副學孟賢后貫載寧居尚州

殷成馴 字休若號栢後生哲宗丁巳進士父察訪斗七文翼公汝霖后貫幸州居軍威

曺世煥 字國見號市南生哲宗甲寅進士父仁奎參事光益后貫昌寧居密陽

鄭灝龍 字景仲號希岩生哲宗壬子進士父奉永副護軍德鎔孫嘉善益基曾孫文忠公夢周后貫迎日居慶州

金洪鎭 字子範號愼圃生丙子生員父奎德節孝公克一后貫金海居陝川

金在容 字敬直生甲戌進士父監役鼎九大司成九容后貫安東居醴泉

李麟永 字公振號竹下生丁卯進士父進士鉉懋縣監軫后貫延安居安東

金久鉉 字而敬生乙亥進士父懬縣監思默孫文忠公宗直后貫善山居高靈

呂泰鎭 字命九號老棲生哲宗癸丑進士父假監役奭奎正言聖擧后貫星山居星州

吳憲根 字元伯號碧樵生哲宗丁巳進士官秘書承父嘉善璣泳贈掌樂正鴻后貫海州居機張

金進源 字海應號石我生壬申生員父峻鎬宗傑后貫義城居奉化

金重鎬 字世卿號石聲生辛未生員父載抃宗傑后貫義城居奉化

金澤鎭 字潤夫生甲戌進士父晃圭吏議瑛后貫安東居安東

張志袒 字周卿生乙丑進士父承旨原相吏叅仁遠孫文康公顯光后貫玉山居仁同

張龍煥 字在卿號所山生辛未生員父叅奉柱翊忠貞公安世后貫玉山居仁同

張吉相 字致裳號黃齋生丙子進士官直閣父觀察承遠文憲公錫龍孫文康公顯光后貫仁同居仁同

張翊相 字君弼生戊辰進士父郡守敎遠郡守錫鳳孫文康公顯光后貫仁同居仁同

河漢奎 字致明號皐雲生甲戌進士父秉海文孝公演后貫晋州居晋州

柳東杰 字聖興生甲戌生員父淵甲府使範休后貫全州居安東

張文有 字百源號雲谷生純祖己丑生進父趾陽上將軍金用后貫仁同居固城

李鍾南 字道卿號東洲生癸酉父德圭文忠公齊賢后貫月城居慶州

許容斗 字君伯號渭岩生哲宗辛亥進士父吏佐元栻文敬公稠后貫河陽居咸陽

許文斗 字乃奎號井蓮生甲子進士父吏佐元栻文敬公稠后貫河陽居咸陽

李光龍 字季七生 哲宗庚申進士父秉欽 贈吏判惟樟后貫宣城居安東

文鳳來 字舜韶號笑翁生甲子進士父都正達奎江城君益漸后貫南平居達城

崔致宫 字聖九生純祖庚寅進士父府使白元文昌候致遠后貫月城居星州

孫秀俊 字德文生癸酉進士父通政永爽進士季暾后貫月城居新寧

壬辰榜

李宣鎬 字武元生甲戌進士官郡守父郡守中喆郡守晚昇孫文純公滉后貫眞寶居禮安

癸巳榜

張圭遠 字井三生戊辰進士父世良文康公顯光后貫仁同居慶州

金健坤 字敬厚生丙子進士父郡守容復文愍公馹孫后貫金海居清道

尹顯赫 字基浩生憲宗戊申進士官叅奉父守燁叅議哲孝后貫坡平居龍宫

崔顯璟 字景叔生憲宗己酉進士官叅奉護軍道一曾孫護軍碩載玄孫和肅公玄佑后貫慶州居醴泉

吳機淳 字致紘生 哲宗丙辰進士父應珍叅議 澐后貫高敞居高靈

甲午式年榜

李鍾瀅 字季涵號鶴皐生 哲宗辛酉進士父圭會判書 良后貫月城居慶州

李能祐 字敬中號東蕉生 哲宗丙辰進士父進士在幹通政憲相玄孫文元公彥迪后貫驪州居慶州

李源斗 字文七生壬申進士官郡守父叅奉錫夏吏叅能燮曾孫文元公彥迪后貫驪州居慶州

鄭守默 字衛叟生 哲宗甲寅進士父東翼文莊公經世后貫晋陽居尙州

鄭東斗 字國賢生甲戌進士父進士喆愚文莊公經世后貫晋陽居尙州

金鍾燮 字士振號松竹軒生純祖戊寅進士父都正履弘戶判克儉后貫金海居仁同

尹奉周 字明甫號重齋生 哲宗庚申進士父殷普進士仁浹后貫坡平居達城

李龜和 字景三號梅波生 哲宗癸丑進士官叅奉父承佐右承旨尙逸后貫碧珍居善山

李愚稷 字允韶生壬申進士官叅奉父議官景和大諫綱俊曾孫平靖公約東后貫碧珍居善山

林秀養 字大彥號塢堂生 哲宗庚申進士父察訪芳洙孝簡公薰后貫恩津居安義

秋敎哲 字輔汝生癸亥生員父教官桂燁佐郎秉紀孫忠莊公水鏡后貫秋溪居大邱

權重卨 字重若號小霞進士父府使仁國忠康公　濤后貫安東居丹城

權永熙 字允夫號晦南進士父重烈監役仁求孫忠康公　濤后貫安東居丹城

許灄 字潤弘號守庵生　哲宗壬戌進士父　贈童蒙敎官銓敎官謙后貫金海居大邱

鄭虎基 字文可號樹堂生辛巳進士父叅奉煥東文忠公夢周后貫烏川居大邱

鄭漢錫 字漢瑞生丁卯生員父假監役斗義司直信耘后貫東萊居大邱

安肯洙 字汝搢生乙亥進士父巡察鍾悳司諫　靚后貫廣州居密陽

盧寔容 字伯能號志堂生甲戌進士父侍講相益主簿克弘后貫光州居密陽

柳時一 字應貫號常齋生丙子進士官叅奉父順昌園令永佑大司諫致睦玄孫文忠公成龍后貫豊山居安東

金相圭 字章玉號痴窩生純祖癸巳進士官都正父　贈戶叅炳益麟祥后貫安東居陜川

洪在郁 字文可號心塘生壬申進士父敎官禹燮忠平公　灌后貫南陽居義興

曺奭煥 字明勗號錦皐生甲戌進士父叅奉秉文文簡公好益后貫昌寧居永川

李能觀 字允日生　哲宗戊午進士父在杰文元公彥廸后貫驪州居慶州

沈在洪 字光弼生甲戌進士父察訪東燮縣令天柱后貫靑松居安東

權基淵 字源弼生甲戌進士父炳鍾大師 幸后貫安東居安東

金聲漢 字源卓號晩庵生壬申進士官敎官父通政鳳鎭太師宣平后貫安東居安東

宋鳳鉉 字聖五號晩省生甲子生員父在輝監役 愚后貫鎭川居安東

金永國 字亨稷生丙子進士父正字寶鉉都事 塤孫文忠公宗直后貫善山居高靈

李達熙 字孔玉號葵園生 憲宗癸卯生員父引儀驥相正字廷賢后貫星山居星州

李國熙 字道淳號我石生戊辰進士父校理龜相正字廷賢后貫星山居星州

河載華 字復榮號與人軒生 哲宗庚申生員父參奉應運都事受一后貫晋陽居晋州

河世鎭 字見夫號士山生庚午生員父監役載崑都事受一后貫晋陽居晋州

李中喆 字允明生 哲宗壬子進士官郡守父郡守晩昇同樞彙寅孫文純公滉后貫眞寶居禮安

李康鎬 字齊卿號菡山生 哲宗辛亥生員父中洛文純公 滉后貫眞寶居禮安

崔鴻烈 字順若生甲戌進士父元根文惠公善門后貫和順居居昌

金永敦 字鳳旭號友松生 哲宗己未進士父司果尚習博士三達后貫靈岩居固城

崔鶴壽 字德綏進士貞武公震立后貫月城居慶州

崔海龍 字允章進士父鉉珪貞武公震立后貫月城居慶州

盧秀學 字君實號醒石生戊辰生員官議官父應疇持平 璋后貫光州居草溪

金洪淳 字敦夫號晩松生癸酉進士父叅奉達玟致東后貫金海居達城

羅永七 字聖敦號昌菴生癸酉生員父鏞奎司諫以俊孫貫壽城居榮川

金德鉉 字百初生癸酉進士父郡守 璋敏節公 玏后貫禮安居榮川

黃在鎭 字致圭號東廬生 哲宗癸丑進士父進士肇夏進士中炯孫貞翼公暹后貫昌原居豊基

金永淳 字環樂號碧樵生丙子進士官叅奉父監役柄善博士三達后貫靈岩居固城

鄭斗鎔 字汝七號念齋生丁丑進士父學基校理以僑后貫延日居金山

權瑢進 字容玉生丙子進士父心謙進士鳴和孫大憲 定后貫安東居安東

嶠南科榜錄司馬榜卷之一終